物語と日常

物語と日常

二本の映画と二つのある物語作家の動機による四つの断章

淺沼圭司

水声社

目次

序

二〇二〇年、「新型コロナヴィルス感染症」（Covid-19）の急激な蔓延（パンデミック）のもたらした暗鬱な雰囲気が、世界を覆いつくしていた。日常が一挙に非日常に転じ、非日常が突然日常化するという状況に、ひとびとはいたずらにとまどうのみで、いまだにそれにたいする抜本的な対策をみいだせずにいる。そのような状況のなかで、カミュ（Albert Camus, 1913-1960）の『ペスト』（*La Peste*, 1947）やデフォー（Daniel Defoe, 1660-1713）の『ペストの記憶[1]』（*A Journal of the Plague Year*, 1722）などがよく読まれているという。

わたくし自身は、何年かまえにみた二本の映画、ながいあいだ聞こえていた虫の木を齧る音が突然途絶えたという、自然の微細な変化がきっかけとなって、日常が加速度的に崩壊してゆくありさまを語る

『トリノの馬』（*A torinói ló*, 2011）と、ひとびとがへだたりなく共生し、まなざしをかわし、諒解しあうという、いわばユートピア的な日常のくらしをえがいた『ル・アーヴル』（*Le Havre*, 2011）を、なんとなく思い出していた。記憶をたしかめるために、二本の映画についてそのころに書いた断片的な覚書を読みなおしながら、あらためて「日常」という問題について考えようとしたものの、問題が問題なだけに、これといった結論に達するわけでもなく、思考はいたずらに迷走をつづけるだけだった。「断章（I）」と「断章（II）」は、いわばその迷走の軌跡とでもいうべきものだが、当然のことながら、それは一般的な「論文」のもつべきまとまりも規模も欠くことになった。自由に——気ままに——書かれた、規模のちいさなテクストという点では、音楽にいう「バガテル」に通じるかもしれない。

「バガテル」——おもにピアノのために書かれた、特定の形式をもたない、自由な小曲を指す。ベートーヴェン（Ludwig van Beethoven, 1770-1827）には何曲かのバガテルがあるが、そのなかでもっともよく知られているのは、『エリーゼのために』（*Für Elise*）とよばれている曲（*Bagatelle, a-moll, op.173*, 1810）ではないだろうか。なお「バガテル」（la bagatelle）という語そのものには、つぎのような意味がある——「ほとんど価値もなくまた役にもたたないもの」（Objet de peu de valeur et d'utilité）。（*Petit Robert*）

ふたつの「断章」に共通する「映画と日常」という主題は、おのずから「物語と日常」というよりおおきな主題をあらわしだすことになった。その主題を、ひとりの卓越した物語作家、宮部みゆき（一九六〇―）に動機《モティーフ》をかりることによって、すこしばかり展開しようとしたこころみの痕跡が、「断章（Ⅲ）」と「断章（Ⅳ）」である。ここで当然、なぜ他の作家ではなく宮部みゆきなのか、という疑問が生じるだろう。家族のなかに宮部みゆきの小説を好むものがおり、新刊が出るたびに買いもとめてくるので、なんとなくその小説に親しんではきたものの、愛読者というにはほどとおいのだが、この作家が、あるインターヴューのなかで、自分自身を「エンターテインメント作家」と、あるいは「職業作家」と明確に規定していることを知り、またある意味では「物語」についての「物語」とでもいうべき『英雄の書』（二〇〇九年）に接して、格別の興味をいだいたことが、宮部みゆきを動機としてえらんだきっかけだった。

「断章（Ⅲ）」は、宮部みゆきの旺盛な――ときに貪欲とすらおもわれるような――創作意欲の根柢にあるものを探ろうとするこころみからうまれ、「断章（Ⅳ）」は、宮部みゆきのある小説をとおして、「連作」という作品のありかたを、そして「エンターテインメント」としての小説の特質をとらえようとするくわだてのもたらしたものといえるだろう。「断章（Ⅲ）」では、物語を「書き」そして「読む」ことが中心的な話題となっており、「日常」の問題は表面からすがたを消しているが、ある意味では一種の物語論として、他のみっつの「断章」にたいする序章という位置にあるともいえる。「断章（Ⅳ）」

では、「エンターテインメント文学（娯楽文学）」の特質をとらえるうえで、「日常」の問題が主要な手がかりのひとつになっている。

二本の映画作品と宮部みゆきという作家をおもな動機としてはいるものの、これらよっつの「断章」は、作品論、作家論であることをいささかも意図していない。選ばれた主題ないし動機は、そのいずれも正統的な学（美学）の問題圏をかなり逸脱しているかもしれないが、にもかかわらず目ざされたのは、それらについての美学的な思考であった。とはいえ、主題ないし動機のあり方からいって、その思考が正統のそれからかなりずれているのも、ある意味では余儀ないことであり、それはまたそれなりに自覚されていたことでもあった。

ところで、「断章（I）」ではロラン・バルト（Roland Barthes, 1915-1980）の、「断章（II）」ではニーチェ（Friedlich Wilhelm Nietzche, 1844-1900）の、そして「断章（III）」ではバルトとラカン（Jacques-Marie-Émile Lacan, 1901-1981）のテクストがそれぞれ原文で引用され、しかも専門的な研究者によるすぐれた訳業があるにもかかわらず、わたくしの手になる訳文がつけられている。このことは、「断章」というありかたにはなじまないかもしれないが、これらのテクストは、それぞれの「断章」のいわばきっかけになり、あるいは基礎になったものであって、わたくしがそれをどのように読んだかをしめすことが、これらよっつの「断章」にとっては不可欠だと考えたからにほかならない。なお引用原文と訳文のあいだに、必要と思われる語句の簡単な説明を挿入してある。

引用文中の／は改行を、……は省略を、〔　〕は引用者による説明ないし補足をしめし、訳文中の傍点は原文のイタリック字体に対応している。固有名詞には生没年ないし発表年を、必要な場合には原綴をつけてある。なお引用註は、「断章」というありかたに即して、必要最低限におさえてある。

崩壊する日常　あるいは「できごととテクスト」

断章（I）——映画『トリノの馬』を動機として

はじめに

ハンガリーの映画作家タール・ベラ[1]（Tarr Béla, 1955-）の『トリノの馬[2]』（*A torinói ló*, 2011）にはじめて接したとき、それが物語るできごとの、そしてその語りくち（語りのすがた）の異様さにつよい衝撃を受け、ことばを失った。以下は、そのことばをとり戻そうとする、いわば暗中模索のこころみにすぎず、ゆきつもどりつをくりかえすだけかもしれないが、「映画テクスト」についての考察をあわせておこなうことによって、記述にいくぶんでも道筋をつけることをこころみてみたい。

ところで、この映画は、「タイトル」―「ナレーション」―「馬のシーン」―「一日目」―「二日目」―「三日目」―「四日目」―「五日目」―「六日目」―「エンド・タイトル」という部分から構成されており、そのことからいえば、その総体は、むしろ単純な――とらえやすい――ものであり、語られるできごと

（物語）も、そのほぼすべてが、荒野のなかにたつ一軒の家を舞台に、ひたすらクロノロジカルに展開するだけであり、しかもその展開に主要な役割を演じるのは、父と娘、そしてふたりが飼う一頭の馬だけであって、そのものとしてはごく単純だとさえいえるだろう。(3)

またこの映画のテーマも、タイトルのあとのナレーションが語る「トリノの馬」にまつわるエピソードや、「二日目」にたまさかに訪れたひとが父に語ることばなどから、ニーチェの思想、とくにそのニヒリズムとかかわっているとみることは容易であり、そのかぎりでは、ごく明快だとさえいえるかもしれない。

にもかかわらず、さきに述べたように、この映画について語ろうとしても、それにふさわしいことばを、わたくしはなかなかみつけられずにいたし——というよりいまなおみつけえずにいるし——、単純な構成とできごと、そして一見明快であるかのようなテーマにもかかわらず、この映画は、あえていえば、理解をかたくなにこばんでいるようにさえ感じられてならなかった。いったいなぜなのだろうか。

＊

この映画をみたひとのおおくが、おそらくまず気づくのは、あるいは、ときには辟易さえするのは、おなじできごとが、それとして特別の意義をもたないような些細なできごとが、執拗に反復されることではないだろうか。たとえば、その起床時に娘に介助されておこなわれる父の着替え、いつもおなじ――茹でたじゃがいもと塩だけの（しかも塩は父だけの）――食事、水汲み、そして馬の世話、など……。これらのできごとそのものが、ありきたりの、日常生活に密着した、というよりは日常生活そのものというべきものであり、しかもそれが幾度となく反復されてゆく。

反復は、あるいは切れ目のない持続は、すくなくとも微視的なまなざしにとっては、日常性の、あるいは日常の世界の特質といえるのではないだろうか。きわだってかがやくことのないできごとがくりかえされるだけの、いわば灰色の日々――はっきりとは分節していない（構造化されていない）時間――の、ひたすらな連続。はじめてみたとき、わたくしは、できごとの執拗ともいうべき反復に、逃れどころがないという息苦しささえおぼえた――逃れどころのなさ、それもまた日常生活のひとつの特徴ではないだろうか。粘るように、身にまとわりつくもの……。なんらかの法則によって統御された世界（コスモス）――たとえば、美的法則の支配する芸術作品の世界など――の対極としての、混沌の世界（カオス）。だから映画に、あるいは芸術にコスモスを、秩序や調和を期待するひとびとにとって、この映画は、あるいは嫌悪の対象でしかないのかもしれない。

つけくわえれば、上述したような日常生活の特性は、そのさなかに生きるひとびとには、それとして意識されることがないのではないか。そして、そのような特性を認識可能なものとして顕在化（構造化）したのが、ほかならぬこの映画なのかもしれない。この映画があたえる、ある種の、正体不明の気分――「やりきれなさ」とでもいうべきか――は、このことにもとづくものなのだろうか。

ところで、この映画に接したひとびとは、はじめはその異様な――通念の枠組を逸脱した――すがたにおどろくのではないだろうか。テクストは、そこでは、ほぼ切れ目（断絶）（la rupture）なしにつづいてゆく。ロラン・バルトが『テクストの快楽』（*Le plaisir du texte*,1973）で述べていることばを借りるなら、[4] このテクストには「穴」（le trou）がないのだ。たとえば「ナレーション」のあとの「馬のシーン」では、画面（画像）は、ひたすら馬のうごきを追って、ほぼ切れ目なしに持続する――「ワンショット・ワンシーン」あるいは、いわゆる「長まわし」とよばれる技法である。もっとも、この技法そのものは、現在においては、とくにめずらしいものではない――たとえばヒッチコック（Alfred Hitchcock, 1899-1980）の『ロープ』（*Rope*, 1948）は、見かけ上、その全編がひとつの画面で作られていたし、[5] さらにはソクーロフ（Alexandr N. Sokurov, 1951-）の『エルミタージュ幻想』（*Russkiy Kovcheg*, 2004）のような、徹底した例もある――。しかしここでは、対象が馬であるだけに、とくにクローズアップされた頭部、画面からはみだすようなからだ、鞭をふるう御者などの画像が、断絶なしに持続するために、尋常ならざる印象をあたえるのではないだろうか。あるいは、室内のシーンでしばしばみられることだが、画面の切りかえによってではなく、カメラの移動によって、父あるいは娘がひとりだけの画面から、ふたりが共存する画面へと、連続的に変化する。

もちろん、画面が切りかわることも、ときにはある。しかし、おおくの場合、ヴィグ・ミハリ[6]（Víg

Mihály, 1957-）の音楽が、おなじリズムをくりかえし、ごくせまい音域でうごく、単純なひとつの主題だけからなる音楽が——あえていうなら、ひたすらに持続する音の塊とでもいうべきものが——、また、この映画に特有ともいうべき、吹きすさぶ風の音が、ふたつあるいは複数の画面にまたがってひびいており、映画《フィルム》テクスト（le texte filmique）としてみるならば、そこに切れ目はないといえるのではないだろうか。音楽と風の音は、冒頭の馬のシーンとともに呈示され、この映画全体をつらぬき、いわば「通奏低音」（basso continuo）として、あるいはむしろ「固執低音」（basso ostinato）として作用しているといえるかもしれない[7]。

なおつけくわえれば、いわゆる「無声映画」（le film muet）の場合には、テクストは画像——シネマ（la cinématographie）によって、端的にいえばフィルムとカメラそして映写機からなる「技術体」によって形成されるイメージ（l'image cinématographique）——のみで構成されるが「映画《シネマ》テクスト（le texte cinématographique）」、「有音（トーキー）映画」（le film sonore［parlant］）の場合には、画像と聴覚像（l'image acoustique）（ことば、音楽そして物音［le bruit］）によって構成される——「映画《フィルム》テクスト」。これ以降の「テクスト」は、とくにことわらないかぎり、後者をさす[8]。

できごと

できごとについて、いくぶんくわしく検討してみよう。さきにも述べたように、たしかにおおくのできごとは、ほぼそのまま反復されるが、いくぶん注意ぶかくみるなら——あるいはやや巨視的な視点をとるなら——、反復されるたびに微細な変化が生じていることがうかがわれるだろう。たとえば食事。娘が茹であげたじゃがいもを、食卓にむかいあった父と娘が食べるという、反復されるできごとのなかで、ふたりのしぐさ、じゃがいものありかたなどに、微妙な変化が生じてゆく——その変化のすべてを記述することは、到底不可能だが、たとえば六日目になると、じゃがいもは生煮えのようにみえ、変化はあきらかになっている。観客は、この微妙な変化を、おそらくは食事をする父娘をとらえるカメラの視点の変化によって、直感的に、なかば無意識的にとらえるのだろう。たとえば、一日目、カメラはおもに父にむけられ、娘のすがたはそのむこうにみえる、二日目、カメラは娘にむけられ、娘をとおして父のすがたがみられる、三日目、カメラは、父親と娘の双方を同時にとらえる、など……。

もうひとつ、ちいさな例をあげてみよう。父と娘がパリンカ（Pálinka）——果物を原料とする蒸留酒の一種、ここでは自家製と思われる——を、一日に父が二杯、娘が一杯飲むという行為が反復してえがかれるが、五日目には——その前日（四日目）に、ふたりは、よそにゆこうと家を出たものの、果たさず、そのままもどってきている——、いつものようにパリンカを二杯飲んだ父は、さらに瓶からラッパ飲みをする。その直後の、テーブルにおかれた瓶とコップを俯瞰した画面、そのものとしては無機的な画面は、しかし沈黙のなかで、さだかならざる、しかし決定的な変化が生じていることを告げているかのようだ。一日目から六日目まで、それは、微妙な変化が蓄積され、決定的なものになってゆく過程であり、ある意味では加法的ではなく乗法的とでもいうべき過程なのかもしれない。

一日目、父の着替え、食事の準備、食事という、もっとも日常的ないとなみがしめされるが、その夜、くらがりのなかで、ベッドの父が、虫のたてる音が聞こえないと娘に話しかける。いぶかしげに応答する娘にたいして、父は、五十数年このかた、虫の木を齧る音が聞こえないのは、はじめてのことだという。断絶なしに持続する日常世界のなかに、変化が、断絶が生じつつあることの、かすかな予兆なのだろうか。

二日目、父が馬にくびきをつけ、荷車を曳かせようとはげしく鞭うつが、馬はびくとも動かない。この画面とともにおのずから想起されるだろう冒頭のシーンの、鞭うたれながらもなお歩んでいた馬のすがたは、このできごとにたいして、ある重い意味を付与するのではないだろうか——馬の人間にたいする反抗、「家畜」の自然的・獣的存在への回帰、あるいは馬と人間のあいだの差異の縮小、さらにいうなら、人間の馬のレヴェルへの頽落、など……。虫の木を齧る音が聞こえないという、そのものとしては些細なできごと、御者の意に反して動こうとしない馬、それは、人間の側の変化というよりは、自然の側の変化、あるいは自然本来の持続に生じる裂目を示唆しているのかもしれない。

三日目、厩にはいった父が、馬が飼葉を食べていないことに気づく。父は「食べなさい」とうながすが、馬はいっこうに食べる気配をしめさない。娘もそのことに気づき、食べるようにとさらにうながすが、馬は応じず、のちには水を飲むことさえも拒否する。

四日目、馬はあいかわらず飼葉を食べようとしない。

五日目、馬の具合はますます悪化している。食卓、父はなんとか食べようとするが、娘は手をつけない。

六日目、食卓、食べようとしない娘に、父は「食べなさい」とうながすが、娘は食べる気配をまったくしめさず、やがて父も食べることをやめる。

馬の変調を、人間の変調の予兆ととらえることもできるだろうし、あるいは、このことをとおして、人間と馬のあいだの、父と娘のあいだの関係の変化を読みとることができるだろうし、さらには父にくらべて馬（自然）によりちかいという、娘に特有の存在のありかたをそこにうかがうことさえできるかもしれない。

もっとも日常的で、反復的なできごとともいうべき食事――しかもその反復性は、ここでは、じゃがいもだけというその献立によって、さらに強調されているといえるだろう――に生じる、微細な、しかし次第に増大し、やがてそのありかたを根本からおびやかすような、変化。人間世界における日常の持続性は、おそらくはその背後ないし根柢に自然の持続を、変化しながらの絶えざる回帰をもつのではないだろうか。持続する自然にくらべれば、刹那の存在でしかない人間の、もっとも自然のレヴェルにちかい生活が、なかば無意識的に反復される生活こそが、あるいは日常生活なのではないだろうか。その自然がしめす変化——馬の変調、井戸水の枯渇、さらにはやがてとだえる風など——は、日常生活が、あるいは人間世界そのものが、その根柢から崩壊しつつあることをしめしているのかもしれない。

*

二日目、パリンカを分けてくれと訪れてきたひとりの男が、父にむかって語りはじめるが、しかしそのことばは、まるで独り言のようだ。街が崩壊しつつある、見知らぬひとびとがやってきて、すべてのもの、すべてのひとを貶めており、なにか禍々しいことがおこりそうだ、そう予言した男は、そのことを「かつては偉大で高貴であった」しかし「いまは貶められているもの」のなせるわざだという——このことばは、あるいは「神の不在」を暗示しているのだろうか。たしかに、この訪問者のことばをキーワードにして、日常の崩壊の原因を「聖なるものの不在」あるいは「神の死」にもとめることは、不可能ではないだろう。しかし、さきのことばは、たまさかに訪れた、父と娘にとっては他者（よそのひと）である訪問者によって、しかも一方的に語られたものであり、このテクストの全体と緊密に、あるいは有機的に結びついているとはかならずしも感じられないし、まして、ときにそう主張されるように、その主題ないし思想をニーチェ的なものとして規定しているとは考えられない。あのことばに「神の死」について語るニーチェのことばの直接的なひびきを聴きとることは、すくなくともわたくしにはできない。とはいえ、他者の訪問と、世界の崩壊をつげるその独り言によって、断絶することなく連続するかにみえた日常的なできごとに、ある切れ目が、あるいは急激な変化が生じることが暗示されていることは、否定できないだろう。しかしそれは、日常の崩壊の直接的な原因あるいは動因とはいえないだろうし、なによりも、このテクストそのものに断絶をもたらすものではけっしてない。

むしろ、このテクスト全体に、ひとつのひびきを、通奏低音とでもいうべきものを、あるいはニーチェの無言の声とでもいうべきものをひびかせているのは、あの強烈なファースト・シーンそのものではないだろうか——ミハイル・ヴィクの、単純な旋律の反復からなる、音塊のうごきとでもいうべき音楽が、このひびきをさらにつよめていることはあきらかである——。そして、そのひびきはまた、冒頭のナレーションからひびきでる声の、増幅された反復ではないだろうか。

トリノで、一八八九年一月三日に、フリードリッヒ・ニーチェは、カルロ・アルベルト街六番地の戸口から外に出る、たぶんあたりをぶらつくために、たぶん手紙をうけとりに郵便局にゆくために。かれからほど遠からぬところで、いやむしろかれとへだたることわずか一歩のところで、二輪馬車の馭者が、いうことをきかない馬に手こずっている。御者は手をつくして責めたてるのだが、馬は動こうとせず、そのために馭者は、ジュゼッペだったか、カロルだったか、エットーレだったかは、我慢しきれずに、馬を鞭うつ。ニーチェは、集まったひとびとのもとにちかより、口角泡をとばして怒り狂う馭者の、残忍な仕打ちをおわらせる。頑丈なからだつきで、立派な口ひげをはやしたニーチェは、突然馬車に飛び乗り、むせび泣きながら、その腕を馬の首のまわりに投げかける。隣人がかれを家につれ帰る。かれは二日のあいだ、動くことなく、そして黙したまま、「お母さん、ぼくはおろかです」という、最後になるはずのことばをつぶやくまで、寝椅子に横たわっていた。それから十年あまり、黙したまま、そして正気をうしなったまま、母と妹らに見まもられながら、かれは生きる。あの馬については、なにもわからない(9)。

実際にあったかどうか、確認されてはいない、しかし人口に膾炙したこのエピソードを、作者が冒頭にあげたのは、ただたんに以降にはじまるできごとのきっかけを作るためだけの、あるいはそれを説明するためだけのものではなかっただろう。タール・ベラは、この馬がその後どうなったかという疑問こそが、この映画を作る動機だったと語っているが(10)、馬と飼い主である父とその娘のできごとを追うことは、ある意味では、正気をうしなったあとのニーチェの意識——むしろその無‐意識——のゆくすえをたどることでもあり、もはやことばを発することのなかったニーチェの、その後のこころのうごきを追うことでもあった、そう考えることはできないだろうか。そして、冒頭の馬のシーン、長大で、強烈な――あるいはまさに"brutal"とでもいうべき――、ある意味では常軌を逸したこのシーンは、ニーチェの、あのできごと以降、たしかに常軌を逸した意識、おそらくはその根源的なありかたに還元された意識＝無－意識のさらにさきにあるもの――ニーチェ的にいうなら、概念のはるか下方にある、根源的な意識の対象としてのイメージ[11]（das Bild）――の、タール・ベラの意識への反映だとは考えられないだろうか。もしそうとらえられるとするなら、このシーンに、そしてそれに導かれたこのテクストの全体に、ニーチェの声なき声を聞くことが、いや、もうすこし正確にいうなら、ニーチェの無－意識の声を、無－意識的に聞きとることが、あるいはできるのではないだろうか。

　冒頭のシーンが導くもの、それは日常生活あるいは日常世界の崩壊だった。ニーチェが『よろこばしき智慧』（*Die fröhliche Wissenschaft* [*la gaya scienza*],1886）のなかで列挙し、そのすべてが人間にとって不可欠なものだとして肯定する「悪天や好天、友人との死別、病気、中傷、音信不通、足の捻挫、店の素見《ひやかし》、反証、本のページをめくること、夢、詐欺[12]」は、ある意味では日常的なものそのものといえるのではないだろうか。その日常が、外部からのちからによってではなく、その内部から崩壊してゆく過程を、ニーチェは無－意識のうちに見つめていたのかもしれない。

　三日目、とつぜん異様な一団――父は、おそらくツィガニー[13]（Cigány）［ロマ］だろうという――があらわれ、勝手に井戸の水を飲み、この土地はおれたちのものだ、また帰ってくる、という不吉なことばを残して、立ち去ってゆく——あの訪問者が語った、すべてを崩壊させるという、みしらぬひとびと(よそのひとびと)なのだろうか。たしかに「ロマ」は、どこでも、そしていつでも、よその存在とされるのだろう。一団の長老とおぼしき老人が、お礼だといって、娘に一冊の本をあたえる。夜、娘がその本をたどたどしく読む——神と聖なる土地が邪悪によって汚され、世界はいま夜の闇にとざされている、しかし、邪悪がとりはらわれれば、やがて朝が訪れるだろう……。

このことばも、とらえかたによっては、ニーチェを、あるいは「黙示録」をさえ暗示するかもしれないし、それとはべつに、できごとの展開を予告するものととらえられるかもしれない。しかし、さきの訪問者のことばとおなじように、このことばも、他者にその起源をもち、テクストあるいはできごとそのものと、有機的にかかわっているとは考えられない。

ところで、この映画のことばには、ナレーション、父と娘のことば、他者(訪問者)のことばという、みっつの種類がある。そのなかでナレーションは、「そとからの声」(la voix-off)として、あきらかにできごとのそとにあり、それにたいして父と娘のことばと他者のことばは、できごとのなかにあるということができるだろう。そして、父と娘のことばは、断片的で——十分に分節してはいず——、日常生活に根ざし、日常的なできごとのなかで語られるという意味で、まさに日常的なことばそのものというべきだろう。それにたいして他者のことばは、十分に分節した——そのものとしての秩序をもった——、非日常的なものであり、それゆえにこそニーチェを、あるいは「黙示録」をほのめかしもするのだろうが、逆にいうなら、まさにそれゆえに、これらのことばは、できごとそのものにとってはよそのことばなのかもしれない。

四日目、訪問者の、そしてロマの不吉なことばを証すかのように、井戸の水が涸れる。日常の崩壊は、さらにあらわになる。父と娘は、あわただしく荷物をまとめ、ちいさな荷車に積んで、家をはなれ、どこかよそにゆこうとする。娘が荷車を曳き、父が荷車を押し、そのあとから馬が、空荷でついてゆき……やがてそのすがたは、丘のむこうに消えてゆく。人間と馬の地位の逆転ととることもできるだろうし、冒頭から持続してきた二者の関係の崩壊あるいは断絶とみることも、もちろん不可能ではない。しかし、注目すべきは、ここでもテクストそのものには断絶がみられないことだろう。ふたりと荷車と馬が、さきに消えていった丘の稜線に、ふたたびそのすがたをあらわし、やがて家にたどりつく。荷車から荷物がおろされ、家のなかにはこびこまれ、馬は厩にいれられる。……馬、立ち去る娘、閉ざされた扉、窓からそとを眺める娘、そとはやがて霧に閉ざされてゆく。

ここでも、できごとの急変にもかかわらず、テクストに断絶はみられない。そして、まるでなにごともなかったかのような、日常生活の再開、あるいは、日常の絶えることのない回帰——日常の世界にはよそはありえないのだし、ひとは、生きているかぎり、その持続からのがれることができないのだろう——。人間にとって、生きることとは、この持続のさなかに、絶え間ない反復のただなかに、身をおくことでしかないのだろうか。

五日目。父の着替え。パリンカ。父、厩にゆく、馬の具合はさらにわるくなっている—娘厩にはいり、掃除をはじめる—ふたり厩を去る—窓のそとを眺める父—木の葉が舞い丘のうえの木が風に震えている。食事、突然闇がおとずれる—いぶかる娘に、父はランプをともすようにいう—部屋の中央のおおきなランプから、べつのランプへと、つぎつぎに火をともしてゆく娘……。中央のランプが、そしてほかのランプも、突然消える。娘が、そして父が点火しようとこころみるが、火はつかない。闇。ナレーション——「ふたりはベッドにはいり、嵐は止み、聞こえるのはふたりの寝息だけだ……。」

六日目。夜はあけない。食事するふたり、ジャガイモは、生煮えのようだ。父は娘に「食べなさい」というが、娘は食べようとしない。やがて父も食べることをやめる。闇が支配する。

＊

一日目から六日目まで、それは、倦むことなく繰り返され、はてしなくつづくかにみえた日常の世界が、崩壊する過程でもあった——崩壊の原因ないし動因が、そのものとしてしめされることがないのだから、内部からの崩壊、むしろ自壊の過程というべきかもしれない。まったくの闇に光がさし、天と地がわかれ、世界が次第に創造されていったあの神話的な六日間にたいして、この六日間は、日常の世界が——創造された世界のなかの、人間的な世界において、おそらくはもっとも下層（基層）に位置するだろう世界が——、崩壊し、無に、闇に帰してゆく過程にほかならなかった。「もっとも下層に位置する世界」、いいかえるなら、もっとも自然にちかい世界、人間が人間の生活のために産み出したもろもろのもの（人工物）——「財」といってよいかもしれない——が、最低限のものにかぎられている世界、簡単にいってしまえば、極貧の世界にほかならないのだが、しかしそこでは、人間と自然のあいだに対立する関係はない。ひとは、風が吹きすさぶままに、虫が木を齧るままに、そして井戸の水が涸れるままに、自然のなかで生きているのだし、ひとと馬は、ともに——おたがいに支えあいながら——生きていたのだろう。ニーチェが目撃し、そしてそれゆえに正気をうしなうにいたった（とされる）のは、この調和が崩壊する瞬間ではなかっただろうか。そして正気をうしなうこと、意識が無‐意識の淵にしずむこと、それは、意識そのものがほぼ自然に回帰することではないだろうか。冒頭のシーンのあの馬は、たしかにニーチェがトリノでみた馬の、その後のすがただったのだろう。

ところで、六日にわたって創造された世界においても、人間とそれ以外の存在（自然）は、共存と調和の関係にあった——むしろそうあるべきだった。しかし、七日目、神が創造をやめ、休んでいるあいだに、禁断の果実を口にしたことによって、他とはことなった存在になった人間は、やがてみずから世界の中心に位置をしめるとともに、そこに君臨するにいたる。しかしそれは、神による創造と秩序という観点からみれば、あきらかに世界の頽落にほかならず、だからその頽落がさらに進行するなかで——

人間のおごりがきわまりゆくなかで——、人間は、逆に、世界の中心から——自然に君臨する位置から——すこしずつずれてゆく。自然との差異は、こうしてしだいに失われてゆき、やがて解消するにいたるだろう。第一日目、それは、人間と自然との差異がおおかた失われた世界なのではないだろうか。そして六日目にいたる過程は、残ったわずかな差異さえも解消するにいたる過程にほかならない。六日目は暗闇でおわる。描かれることのなかった七日目は、おそらくは光と闇の差異さえも解消する、天地創造以前の無限の暗黒なのかもしれない。とすれば、この映画は、まさにさかしまの「創世記」であり、あるいは最後の救済の物語（第十九章以下）を欠いた「黙示録」といえるかもしれない。

　この映画のできごとは、おそらく多様な読み解きを可能にするだろうし、また読み解きの願望をそそりもするだろう。しかし、テクストからできごとだけをとりだし、それを言語によって分節したとしても、できごとの特質——日常の粘りつくような反復と持続のカオス——をとらえることはできないだろう。問題は、この映画のすがたに、冒頭でふれたような「穴」のないテクストにあるのではないだろうか。

テクスト

それでは、「穴」のないテクスト、あるいは「穴」のあいたテクストとは、いったいどのようなものなのだろう。ここで、あらためて『テクストの快楽』の該当する断片を参照してみよう。

Flaubert: une manière de couper, de trouer le discours *sans le rendre insensé*.

Certes, la rhétorique connaît les ruptures de construction (anacoluthes) et les ruptures de subordination (asyndètes) ; mais pour la première fois avec Flaubert, la rupture n'est plus exceptionnelle, sporadique, brillante, sertie dans la matière vile d'un énoncé courant: il n'y a plus de langue *en deça* de ces figures (ce qui veut dire, en un autre sens: il n'y a plus que langue); une asyndète généralisée saisit toute l'énociation, en sorte que ce discours très lisible est *en sous mains* l'un des plus fous qu'on puisse imaginer: toute la petite monnaie logique est dans les interstices.

Voilà un état très subtil, presque intenable, du discours: la narrativité est déconstruite et l'histoire reste cependant lisible: jamais les deux bords de la faille n'ont été plus nets et plus ténus, jamais le plaisir mieux offert au lecteur—si du moins il a le goût des ruptures surveillées, des conformismes truqués et des destructions indirectes. De plus la réussite pouvant être ici reportée à un auteur, il s'y ajoute un plaisir de performance: la prousse est de tenir la *mimesis* du langage (le langage s'imitant lui-même), source de grands plaisirs, d'une façon si *radicalement* ambiguë (ambiguë jusuqu'à la racine) que le texte ne tombe jamais sous la bonne conscience (et la mauvaise foi) de la parodie (du rire castrateur, du 《comique qui fait rire》[14]).

【“la petite monnaie logique”：意をとりにくいが、“la monnaie”（貨幣）が、ひとつの経済制度において、価値交換の手段として媒介的（関係形成的）な役割をはたすものであり、“la petite monnaie”（小銭）がそのちいさな単位であること、さらには“logique”（ロゴス的）が理性的、法則的（論理的）、言語的などの意味を含んでいることから、語、句、文のあいだの、あるいはできごとのあいだのロゴス的（理性的、法則的、言語的）な関係（脈絡）を慣習的に構成するという役割を、そのときどきに、その場その場で、はたすものととらえ、「ロゴスの小銭［手段］」という語をあてておく。“les interstices”：断絶によって生じた文の切れ目、空隙、隙間。“la narrativité”：「物語」を、なんらかの主体が、なんらかの手段（媒体）をもちいて、なんらかの（現実のものであれ、架空のものであれ）できごとを、なんらかの法則——できごとの展開の論理——に応じて呈示するものとひろく解し、そのうえで「物語」にかかわる性質の総体を意味するものとこの語をとらえ、「物語性」という訳語をあてておく。“la performance”：「言表の産出や解釈の過程、あるいはその過程によって成就（遂行）されたもの[15]」、たとえば、約束や誓いなどをあらわす言表は、そのまま約束や誓いの「遂行」にほかならないとされており、その意をとって、ここでは「遂行」と訳しておく。“castrateur”：「去勢にかかわる」「去勢コンプレクスをかきたてる」など、また「横柄な」という意味もあり、去勢者を見くだし、揶揄するという態度を意味しているのかもしれない。“le comique qui fait rire": 「笑わせる喜劇」、喜劇はもともと笑いと不可分の関係にあるのだから、ここでは笑劇（ファルス）などのように、ひたすら笑わせる（笑いをとる）ことをめざす喜劇を意味するのだろう。】

フローベール。言述を無意味にすることなく、切断し、それに穴をあける方法。

なるほど、修辞学でも、構文の断絶（破格構文）や従属関係の断絶（連辞省略）が知られてはいるが、断絶は、フローベールとともにはじめて、もはや例外的な、時たまあらわれる、とくにめだつものではなく、日常的な言表というありきたりな材料にはめこまれた宝石でもなくなった。あれらの文彩〔ことばのあや〕の手前に言語があるのではもはやない（ということは、べつにいうならば、もはや言語しかないのだ）。一般化した連辞省略が、すべての言表をとらえているために、あのきわめて読みやすい言述は、〔その正体を〕秘めてはいるが、想像しうるかぎり、もっとも常軌を逸した言述のひとつなのだ。ロゴスの小銭は、すべて隙間のなかにある。

それは、言述のきわめて精緻な、ほとんど堪えがたい状態である。物語性は解体されているが、にもかかわらず〔語られる〕できごと〔ストーリー〕はなお読みとることができる。断層のふたつの縁が、これほど明確で、これほど微妙だったことは、これまでにないし、快楽がこれ以上に読者にもたらされたこともない――すくなくとも読者が、綿密におこなわれた断絶、そらごとの順応主義、そして間接的な破壊にたいするこのみをもっているならば。そのうえ、成功はこの場合作者に帰せられるだろうから、遂行の快楽がそれにくわわる。見るべきは、おおきな快楽の源である言語活動のミメーシス（自分自身を模倣する言語活動）を、きわめて徹底的に両義的な（その根元にいたるまで両義的な）ままにたもっているので、テクストが、「去勢コンプレックスを売り物にする笑い、『笑いをとるだけの喜劇』」のパロディの善意（と不誠実）に囚われることがけっしてないことである。

バルトがここで語っているのは、フローベールの「言述」（le discours）についてなのだが、ここでは、「言述」を、ある主体が、なんらかの媒体（記号）をもちいておこなう、なんらかのことがら（できごと）の表明（呈示）という、ひろい意味にとらえておく。いまの場合、もちいられている媒体は、いうまでもなく映画（le film）——画像（l'image cinématographique）と聴覚像（l'image acoustique）——である。なおつけくわえれば、ここでいうテクストは、さきの意味での言述によって、あるいはそれとともに、その都度生起するもの——具体的には、ことば（la parole）の、文字（l'écriture）の、あるいは“l'image filmique”（画像と聴覚像の複合）のつらなり——にほかならない。

さて、バルトは「言述を無意味にすることなく、切断し、それに穴をあける方法」は、修辞学においては既知のことだと述べ、その例として「破格構文」（l'anacoluthe）と「連辞省略」（l'asyndèthe）をあげている。これらの修辞的技法については、多様な論議がおこなわれているが、ここでは、念のために、その辞書的な定義を以下にあげておく。

l'anacoluthe : "une rupture de construction...au syntagme nominal sujet qu'impliqueraient les premiers élémemnts de la phrase (tournure participial, adjectifs en apposition) s'en substitue, par exemple, un autre, d'accord différent: Ainsi, triste et captif, ma lyre toutefois/S'veilllait, écoutant ces plaintifs, cette voix".

(André Chénier[16])

破格構文：構文の断絶……名詞的な連辞において、文の最初の要素（分詞の使用や同格の形容詞）のなかにふくまれていた主語が、たとえば、べつの一致によって、他の主語といれかわること。「かくして、悲しみに沈み、囚われの身となり、それなのにわたくしの竪琴は、あの嘆きを、あの声を聞いて、目覚めたのだった。」

（アンドレ・シェニエ）

なお例としてしばしばあげられるものに、パスカルの有名なことば "Le nez de Cléopatre, s'il eût été plus court, toute la face de la terre aurait changée." がある。直訳すれば、「クレオパトラの鼻は、もしもそれがもっとひくかったら、世界のあらゆるすがたはかわっただろう」とでもなるだろうが、前半部の主語と、後半部の主語が、いれかわっている。もっとも意味的には、断絶はない。

l'asyndète : "Supression des mots de liason.... elle désigne la supression des marques de coordination. On la perçoit clairement au terme d'une série énumérative ou lorsqu'un déterminant au pluriel accompagne deux substantifs simplement opposés: "Francais, Anglais, Lorrains, que la fureur rassemble, /Avançaient, combattaient, frappaient, mouraient ensemble."[17]

(Voltaire)

連辞省略：連結語の抑制……等位の標識の抑制を指す。列挙する文のおわりに、あるいはある複数形の限定詞が単純に等置されたふたつの名詞をともなう場合に、はっきりとみとめられる。「フランス人、イギリス人、ロレーヌ人は、激して集い、進撃し、闘い、打ちあい、ともに死んでいった。」

(ヴォルテール)

なおもっともよく知られた例のひとつが、カエサル（Gaius Lulius Caesar, BC.100-44）のことばとして有名な"Veni, vidi, vici"（来たり、見たり、勝てり）であり、接続詞の省略によって、簡潔で力強い効果が生じているとされる。

興味ぶかいのは、バルトが、これらの文彩――修辞的な技法――は、フローベールにおいては、特別な、たまさかにもちいられるものではもはやないと指摘したうえで、つぎのように述べていることではないだろうか――「あれらの文彩の手前に言語があるのではもはやない（ということは、べつにいうならば、もはや言語しかないのだ）。」まず言語があり、そのうえで、その枠組ないし制約からの、たまさかの逸脱がくわだてられ、それが特別な修辞的効果を生むのではなく、切断そのものが、言述の枠組を構成している――「言語」となっている――というのだろう。連辞省略は一般化されて、言表全体をとらえているのだから、言述はあきらかに常軌を逸したものとなるだろう。しかし、にもかかわらず、バルトはフローベールの言述が「きわめて読みやすい」――言述はいたるところで切断され、穴があいているにもかかわらず、「無意味」になっていない――という。それは、切断や穴が、特別の技法などではなく、言語そのものになっているからであり、だからこそ、「物語性は解体されているが、にもかかわらず「語られる」できごと「ストーリー」はなお読みとることができる」のだろう。通念的な意味での物語性は、できごとをその時・空間的（物理的）、因果的（論理的）な法則（秩序）にしたがって語る（呈示する）ことを意味するのだろうが、その秩序は崩壊しているにもかかわらず、できごとは読むことができるというのだから、それは、たしかに、「言述のきわめて精緻な、ほとんど堪えがたい状態」というべきなのかもしれない。

ところで、わたくしはこれまで『トリノの馬』のテクストには「穴」があいていないこと、そのできごとが日常的な些事の執拗な反復ないし連続であることについて、くりかえし述べてきた。「穴があいていない」、つまり断絶のないテクストとできごと、それは、あきらかにフローベールの言述（テクスト）とは正反対の位置にあり、したがってこのテクストは、バルトによって提起された問題の圏外にあると思われるのだが、はたしてそうだろうか。

ここであらためて注目すべきは、バルトがフローベールのテクストの特色――その文彩あるいは断絶ないし穴――を、あくまでも言語との関係でとらえていることではないだろうか。とすれば、いま必要なのは、『トリノの馬』のテクスト――「断絶」ないし「穴」を欠いたテクスト――を、言語（映画言語）（la langue filmique）との関係においてとらえることだと思われるのだが、クリスチャン・メッツ（Christian Metz, 1931-1993）が、映画（le cinéma）を「言語のない言語活動」（le langage sans langue）ととらえて以降[18]、映画における言語の不在は、なかば通念と化している感があり、その通念にしたがうなら、このような問題設定そのものが意味をもたないことになるかもしれない。しかし、それとは逆に、『トリノの馬』のような、異形のテクストについて語ることは、おのずからいっさいの通念にたいする反省（批判）をともなわざるをえない、そう考えるべきかもしれない。いずれにしてもこの問題は、あきらかに映画の根幹にかかわるものであり、簡単に論じきれるものではないので、ここでは、以降の検討に必要なかぎりで、その輪郭をごく手みじかになぞるだけにとどめざるをえない。なお念のためにつけくわえれば、メッツが映画における存在を否定したのは、「二重の分節」を特質とする、高度に体系的（法則的）な、したがって制約力のつよい「言語」（狭義の言語に対応するもの）であって、慣習的な枠組のすべてではない。

十九世紀末に機械技術的な装置として誕生した映画は、その時点においては、当然いかなる慣習とも無縁であった。エディスン（Thomas Alva Edison, 1847-1931）やリュミエール兄弟（Auguste Lumière, 1862-1954; Louis Lumière, 1864-1948）による公開上映をきっかけに、映画にまつわるもろもろの慣習が形成されはじめたといえるだろう。映画の歴史とは、ある意味では、言述ないし物語性に関する慣習をもふくむ、もろもろの慣習が成立する過程そのものであり、しかもその過程は、ほぼ実証的にたどることが可能である。そのことをふまえ、以下では、その過程を思いきって足ばやにたどることをこころみてみたい。

最初の、いわば慣習ゼロの映画――たとえば『列車の到着』（*L'arrivée d'un train en Gare de La Ciota*, 1895）など――は、日常的なできごとを、一点に固定されたたカメラで、連続的に（断絶なしに）撮影した、わずか数分程度のものだった。いいかえるなら、それは、日常的な現実の、機械的で、断片的な再現（模像）にほかならず、できごとの演出も、カメラ位置の変化も、フィルムの編集もおこなわれていなかったのだから、フィルム（テクスト）に断絶はまったく生じていない――このフィルムは、バルトのことばを借りるなら、たしかに「傷口のない皮膚」（une peau sans béance）なのだろう。[19] もちろんできごとにも断絶はない。カメラの位置設定（die Kamera-einstellung）は、たしかにある主体（撮影者）によっておこなわれるにしても、その位置が撮影中に変化することがまったくないために、その主体のありかた——主観的な態度（die subjektive Einstellung）——は、機械的に再現される——いま、ここで展開する——できごとによっておおいかくされ、表面にあらわれることはほとんどない。この段階では、したがって、言述に関する慣習の生じる可能性は、あきらかにゼロである。

このような状況に変化がもたらされたのは、映画におけるトリック（特殊効果）の発見者といわれるメリエス（Georges Méliès, 1861-1938）によってだった。一八九六年十月、パリのオペラ広場で撮影していたとき、カメラがうごかなくなり、撮影を中断せざるをえなかったが、故障をなおして——そのあいだに、一分ほどが経過し、広場の様子はすっかりかわってしまっていた——そのまま撮影をつづけ、そのフィルムを上映してみたところ、スクリーンのうえでは、乗合馬車が霊柩車に、男性の歩行者が女性に突然かわるという、不思議なできごとがおこっていた……、メリエス自身が語る、映画史上きわめて有名なできごとである。[20] この場合、撮影はたしかに中断したものの、フィルムそのものには断絶は生じていない。しかしできごとは、撮影中断のあいだに完全に変化したのだから——中断中のできごとは、フィルムにその痕跡をまったくのこしていないのだから——、そこには断絶が生じたというべきだろう。フィルムに穴はなく、できごとには穴がある、このような一種のパラドクスが、トリック効果を生んだといえるのかもしれない。メリエスはこうして発見したトリック効果を駆使して、さまざまなジャンルのフィクション映画をつぎからつぎへと制作し、その映画は他におおくの影響をあたえていった。

メリエスに刺激されながら、このパラドクスの解消に、べつにいうなら、フィルムとできごとの双方に穴をあけることにおおきく寄与したのは、E・S・ポーター（Edwin Stratton Porter, 1870-1941）であり、ついでD・W・グリフィス（David Wark Griffith, 1875-1948）だった。ここでは、結論だけを述べよう。[21] ふたりがこころみたのは、撮影を中断し、そのあいだに（演出された）できごとにたいするカメラの位置を任意に変えることであり——ひとつの位置から撮影された画面が「ショット」（shot）である——、こうして撮影したフィルム（ショット）を任意に接合することだった。とくにグリフィスは、「物語」一般の基本的な単位と考えられる「場（シーン）」[22]（scene）を、さらにいくつかの「ショット」に分割することをこころみた。「シーン」の「ショット」への分割は、基本的な単位の解体ともいえるのだから、物語（できごと）の統一をそこなうと考えられるが、グリフィスは「ショット」への分割を、「シーン」の統一をおびやかさない範囲にとどめ、「ショット」の接合においては、「シーン」の統一の回復を優先することによって、問題の解決をはかったと考えられる。「できごと→シーン→ショット」という分割の過程、「ショット→シーン→できごと」という接合の過程、このふたつの過程が、いわゆる「シーン＝ショット構造」の基本であり、この構造の確立によって、映画は、できごとの機械的な再現の段階から、独自の映画的言述《シネ》（le discours cinématographique）の段階に移行したといえるのではないだろうか——この段階から「映画的言述《フィルム》」（le discours filmique）への道は、さほどとおくないだろう。

もちろんこの構造は、グリフィスひとりによって確立されたものではなく、またかれ以降も、おおくのひとびとによってさまざまな変化をあたえられてきた——そのひとつの例として、エイゼンシュテイン(Sergei M.Eisenstein, 1898-1948) など、ロシア (ソヴィエト連邦) の若き映画作家らによる、いわゆる「モンタージュ」のこころみがあげられるだろう。

しかし、もっとも注目すべきは、この構造が、現在にいたるまで——すくなくとも映画がなんらかの言述であろうとするかぎり——映画を規定する基本的な慣習 (枠組) として作用していることであり、さらに、その枠組のなかでおこなわれた、無数のひとびとによる制作 (言述) の結果、おおくの、よりちいさな (下位の) 慣習 (枠組) が成立していったことである。そのひとつの例として、撮影対象とカメラの位置関係によって「ショット」を規定する慣習の成立をあげることができるだろう。具体的にいうなら、「クローズアップ・ショット」(close-up shot)「ミディアム・ショット」(midium shot)「ロング・ショット」(long shot) という慣習的な規定である——もっとも、それぞれの「ショット」の特性が明確に (客観的に) 規定されているとはいえないが、しかし他との差異的な関係を構成する程度の (相対的な) 規定性は成立しているとみるべきだろう。こうして、映画誕生以来およそ百数十年ほどにわたり、無数のひとびとによって反復された制作 (言述) の堆積によって生じた、慣習 (制約的な枠組) を想定することは、十分に根拠のあることではないだろうか。もっとも、この枠組は、映画そのものの特性やその歴史のみじかさなどのゆえに、十分には——言語のようには——体系的でなく、したがって制約の度合もちいさいかもしれないが、映画による言述をこころみるひとびとにとっては、既存のもの（慣習）としてあたえられる、そしてすくなくとも一度はそのなかにはいらざるをえない枠組であることはたしかであり、その点ではなお言語に比すべきものであり、そのかぎりにおいて「映画言語」とよぶことも可能だろう。

　おおくのひとびとは、あえてこの枠組のそとに出ることはしないだろう――たとえば職能的な集団によって、大量に制作される、慣習的で、わかりやすい映画と、それに慣れた観客……。しかし、なかには、この枠組を批判し、あるいはそれを超えようとくわだてるひとびともいるだろう。もっともひろい意味での、前衛のくわだてといってよいかもしれない。そのくわだては、おそらく多岐にわたるだろうが、そのなかにふたつの対立する傾向をみることができるのではないだろうか。ひとつは、できごととテクスト双方における分割、切断の徹底した恣意化――できごとと物語性双方の解体――であり、もうひとつは、枠組の根拠としての、分割（切断）そのものの否定――できごとと物語性双方の連続性の恢復――である。前者の例として、いわゆるヌーヴェル・ヴァーグ（Nouvelle Vague）の映画、たとえばレネ（Alain Resnais, 1922-）の『去年マリエンバートで』（*L'année dernière à Marienbad*, 1960）やゴダール（Jean-Luc Godard, 1930-）の『映画史』（*Histoire(s) du cinéma*, 1998）などをあげ、また後者の例としては、先述の『ロープ』や『エルミタージュ幻想』とともに『トリノの馬』を想定し、これらのテクストをとおして、このふたつの傾向について論じることも、もちろん可能だし、また相応に意義のあることだと思う。しかしここでは、このような、それとしてたしかに興味のある問題にはたちいらず、『トリノの馬』という映画テクストが、さきの意味での枠組とどのような関係にあるのかという問題にかぎって、ごく簡単な検討をくわだててみたい。

*

フローベールにとって、言述に「穴」をあけることが問題だったとすれば、タール・ベラにとっては、テクストから「穴」を除去することが問題だったのではないか。フローベールの場合、切断は言語の否定あるいは言語からの逸脱なのではなく、むしろ言語そのものというべきものだったが、タール・ベラの場合、穴（切断）の否定は、慣習的な枠組（映画言語）からの逸脱、むしろその根拠の否定を意味するものだった。フローベールにおいて、言述は、そこに無数の穴が穿たれているのに、「無意味」にはなっていなかったが、タール・ベラにおいては、枠組（言語）の根拠が否定されているにもかかわらず、できごとは、むしろきわめて、というよりはあまりにも明瞭に、それとしてとらえられているのだった。いったいこれらのことは、なにを意味するのだろうか。

もっとも、『トリノの馬』においても、一日目、二日目……という字幕の挿入によって、テクストもできごとも、あきらかに切断されている、そうみることもたしかに可能だろう。しかし、この挿入（切断）によって、バルトのいう「断層」（la faille）が、あるいは対立する「ふたつの縁《ふち》」（deux bords）があらわれるのではない――字幕の前と後で、テクストの、そしてできごとのありかたに明瞭な差異が生じているのではない。一日目も、二日目も、そして六日目にいたるまで、できごとは――たしかに微細な差異は生じているにせよ――全体として日常性のレヴェルをはなれることがない。どの日も、どの日も、おなじできごとが、とくに食事というできごとが反復されて、六日という日々をつらぬき、そのことが、字幕をまたいで、できごとに連続性をあたえているのではないだろうか。くりかえすなら、字幕の前後で、テクストに、画像と音のありかたに、それと識別できるような差異が生じているのではない。だからこれらの字幕は、たしかにいったんは持続を切断するかにみえながらも、かえって、いや、むしろそれゆえに、持続を強調するというはたらきをもつと思われ――くる日もくる日も、昨日も今日も、そして明日もそのつぎの日も……――、その点では、たとえばゴダールらの映画で突然挿入される字幕あるいはいわゆる「黒み」の画面とは、まったく異質のものというべきだろう。

言語の枠のなかで――そのそとに出ようとはせずに――言述に穴をあけ、修辞的な効果をもたらすためには、「破格構文」や「連辞省略」といった、特別の技法が必要だった。ましてやフローベールの場合のように、言述を「きわめて精緻な、ほとんど堪えがたい状態」にもたらし、しかもその状態をたもつためには、なみはずれた、まさに例外的な技法が不可欠だろう。それでは、テクストないしできごとの穴（切断）を否定するためには、あるいは言語の根拠を否定しながら、言述（テクスト）が理解可能であるためには、いったいどのような技法が必要なのだろうか。穴（切断）の否定が、言語（映画言語）の枠組のそとに出ること、つまりいっさいの慣習的な制約からの解放にほかならないとすれば、一般的な――あるいはすくなくとも修辞的な――意味での技法は成立しがたいとも考えられるのだが、はたしてどうなのだろう。言語――慣習的な枠組――を、言述の不可欠の条件として肯定し、ある意味ではその活用をはかる技法にたいして、枠組そのものの否定のための、いわば否定的な技法とでもいうべきものが、あるのではないだろうか。

＊

以上のことをふまえて、あらためて『トリノの馬』に特有と思われる技法について考えてみたいのだが、この――あえてくりかえせば、異形ともいうべき――映画の技法全体について詳細に語ることは、わたくしには到底できそうにもないので、ここでは、一二の例について、ごく簡単に述べるにとどめざるをえない。

厩の掃除という、おなじできごとが、三日目と四日目そして五日目に反復して呈示されるが、そのあいだには、技法上、かなりの差異がみとめられる。

三日目。父が厩にはいり、飼葉桶を見て、馬がまったく食べていないことに気づく――娘が厩にはいってくる—（ここから、カメラはおもに娘のうごきを追う）—父と娘が汚れた藁をフォークでかき集める—娘、いったん画面のそとに出たあと、手押し車を押して画面内にもどってくる（このあたりから、カメラは、ほぼ三六〇度旋回しながら、娘のうごきを追う）—娘、手押し車に藁を積む—娘、厩から出て、藁を溝に捨てる—娘、厩のなかにはいる（扉は開いたまま）—娘、そとに出る—（カメラ、娘の背後に移動する）—娘、扉を閉ざす—閉じた扉。

このあいだ、画面が切断されることはない。ここでおこなわれているカメラの旋回（パノラミック）は、見かたによっては、一種の力技（tour de force）といえるのだが、おそらくは旋回のあいだ、カメラと対象（娘）の関係が変化しないために——逆にいえば、その関係を変化させないために、カメラは旋回するのかもしれない——、画面枠（サイズ）の見かけ上の変化——たとえば「ミディアム・ショット」から「クローズド・ショット」への移行といった変化——が生ぜず、べつにいうなら、カメラは娘との距離をかえることなくひたすらそのうごきを追うだけであり、そのために、できごとの連続（持続）がそこなわれることはなく、またみるひとも、ごく自然に持続するできごとを追うのではないだろうか。力技ともいうべきカメラ移動が、技法として突出することがないのも、おそらくそのためなのだろう。また、いったん画面のそとにすがたを消した娘が、手押し車を押してふたたび画面内にすがたをあらわすのだが——そのあいだカメラは固定されたままである——、そのあとの娘の動きがパノラミックでとらえられているために、その間のできごとの連続性（持続性）がさらに強調されているとみることもできるだろう。

四日目。娘、厩にはいる―あいかわらず飼葉を食べようとしない馬―(カメラ、娘と馬をおなじ画面にとらえる)―馬の頭部(クローズ・アップ)と娘の上半身がおなじ画面にとらえられる―娘、水を汲んできて飲ませようとするが、馬は飲もうとしない―娘、三日目とおなじように掃除をする―(今度はカメラは固定され、娘のうごきを追わない)―娘、手押し車を押して厩のそとにでる―空の手押し車を押して、厩にはいる娘―娘、厩のそとに出る(カメラは厩のなかにとどまったまま)―扉が閉ざされる―厩のなか暗転―闇のなかにたたずむ馬。

この場合にも、画面に断絶はないが、カメラは、三日目のようには、娘のうごきを追って動くことをしない。娘が画面に不在のときには、画面の中心には、ほぼつねに馬がいる。できごとは、だから馬をめぐっておきているようにも感じられる。あの三六〇度のパノラミックが、できごとの連続性にかかわる技法だったとすれば、この場合のカメラ技法は、できごとのありかたにかかわるものといえるのかもしれない。つけくわえれば、冒頭のシーンとともに馬の存在がもっとも強烈に感じられるのは、このシーンではないだろうか――ここでは、カメラは馬を凝視しているかのようだ――。そしてこのあと、馬は次第にその存在感を失ってゆく。

五日目。父と娘が厩のなかにいる、馬の具合はさらに悪化している―娘、掃除をする―娘、厩のそとに出て、扉を閉ざす―(カメラは厩のなかにとどまっている)―闇、そのなかで、動こうともしない馬。

六日目。部屋のなかの父と娘。カメラが家のそとに出ることはなく、馬は、不在のまま、テクストのそとに消える。

さきにふれた『エルミタージュ幻想』では、テクストは、いささかの切れ目もなしに、九十分にもわたって持続し、その技法（移動撮影）は、いまなお例外的な、おどろくべき力技とでもいうべきものだが、できごとは、時空間の枠組を、あるいは現実と非現実の枠組をさえ超えて、自由自在に展開する。そのことを強調すれば、それは日常のできごとにたいして、まさに正反対の位置にあるというべきだろうし、さきに述べたような、枠組を超えて移動するカメラ――そして、それと視点を同化させた観客のまなざし――にたいしては、持続（連続）するすがたをしめすだろうが、カメラの視点と同化しそこなった――ある意味では通常の枠組のなかに閉ざされたままの――まなざしにたいしては、連続しない――ばらばらに切断された――すがたをあらわすのではないだろうか。ここでのカメラ技法は、だから、本来――物理的にも、存在的にも――非連続の（切断された）できごとを、連続するものとしてあらわしだすためのものといえるだろう。『トリノの馬』の場合、呈示されるできごとは、あきらかに日常の世界内にあり、それをとらえるカメラの視点もまた、父と娘が生活する日常的な世界の枠組内にあるのだから、テクストもできごとも、いっさいの断絶を、穴を欠如しているというべきだろう。いくぶん極端かもしれないが、テクストとできごとは、相互的な差異をうしなって、融合しているといえるのではないだろうか。

つけくわえるなら、観客は、この日常的とでもいうべきカメラの視点との同化をしいられ――画面に意識をむけつづけるかぎり、それ以外の視点をとることを許されず――、持続し、反復するできごとを、それとしてひたすら見つづけるしかない。

映画においては、観客の視点とカメラの視点の同化は、むしろ当然のことなのだが、通常は――慣習的な映画の場合には――、カメラの視点は、物語的世界（できごとが展開する世界）[23]にたいして、いわば絶対的な父権をもつ作者によって、できごとをとらえる最良の地点として任意に選ばれたものであり、観客はその視点と同化することによって、作者と同等の、いわば特権的な視点を獲得することになる。したがって観客は、映画をみつづけるあいだ、満足感あるいは幸福感（l'euphorie）をいだきこそすれ、同化の強制を意識したり、それを不快と感じることはないと考えられる。しかしこの場合には、作者そのひとが特権的な視点を放棄しているのだから、観客もまた特権的な視点を剝奪されることになり、作者＝カメラと同様に――それとおなじレヴェルで――、ひたすらに持続し、反復するできごとを凝視するしかない。この映画をはじめてみたときに感じた、あの粘りつくような、逃げ場のないような印象は、おそらくこのことに起因するのだろう。この映画の観客が、フローベールの読者が感じるような快楽を味わうことは、おそらくないだろう――もっとも、特権を剝奪されたあげくの視点の強制に、倒錯的な快楽を感じることがあるかもしれないが……。

もうひとつだけ例をあげてみよう。上述したパノラミックもふくめ、カメラは、父と娘そして馬のできごとをとらえるために、さまざまなうごきをみせるが——もっとも、さきに述べたように、それが技法として突出することはほとんどない——、そのうごきのなかで、カメラがふと静止し、もの（物体）にそのまなざしをむけることがある——たとえば、さきにあげたパリンカの瓶とコップ、いくつかのランプ、ロープ、馬具、かまど、鍋、あるいは鍋のなかのじゃがいも、など、など。おそらくは推移するできごとからふとそれて、ものに固定されたまなざしのゆえだろう、これらのもの＝画面は、きわめて強固な質感あるいは存在感をしめしているように感じられる——画面がモノクロームであることが、そのことにおおきく寄与しているともいえる。さきに述べたように、ほぼ自然とおなじレヴエルの、極貧の生活をささえる、ごくわずかな「財」、それがこれらのものなのではないだろうか。これらのものの「道具としての存在」（das Zeugsein）をきわだたせるのが、あるいはむしろ「物としての存在」（das Dingsein）をあらわにするのが、ここでのカメラなのかもしれない。

*

ところで、さきにタール・ベラのくわだてを、映画言語の根拠の否定ととらえたのだが、いっさいの言語なしに言述をおこなうことが、あるいは言述を了解することが、はたしてできるのだろうか。ここで想起されるのは、「シネマ」（le cinéma）と「シネマトグラフ」（le cinématographe）を峻別し、前者を否定したロベール・ブレッソン（Robert Bresson, 1901-1999）のくわだてであり、そのための技法であった。[24]もちろんブレッソンは、映画そのものを、あるいはすべての映画を否定しようとしたのではなかった。かれのいう「シネマ」とは、かれが本来の映画とみなす「シネマトグラフ」の、手あかにまみれてしまったすがた――「シネマトグラフ」が生まれ、育ち、そして社会のなかで流通する過程で、それに否応なしにこびりついたもの、慣習ないし制度――にほかならず、その「シネマ」を全面的に否定し、「シネマトグラフ」に回帰すること――それ本来の輝きをとりもどすこと――こそが、かれのくわだてたものだった。かれの、あの特異な技法とは、まさにそのための――「シネマ」否定のための――ものにほかならなかった。[25]

タール・ベラが否定をこころみたのも、おなじように、映画の制作、流通そして消費が、無数のひとびとによって、そして誕生からいまにいたるまで、反復された結果堆積したもの、つまり慣習的（制度的）な枠組なのであり、その枠組のなかで基準（制約）と化した技法、とくに「シーン＝ショット」構造に根拠をもつ技法なのではないだろうか。そして、あの驚嘆すべき冒頭のシーンにみられる、そして他にもいくつか例をあげたカメラワークは、あるいはあの特徴的な音楽、もの音さらには極端に抑制されたせりふなどは、その否定のための技法とは考えられないだろうか。なお念のためにつけくわえれば、ブレッソンとタールの技法に共通するのは、その徹底した否定性なのだが、その否定の方向性は、二者においてまったくことなるというべきだろう。

既存の技法が、基本的には、できごとのシーン、ショットへの分割と、ショット、シーンの結合によるあらたなできごとの形成であり[26]、つまるところできごとの解体と再構築にほかならないとすれば――その典型的な、しかしあいことなったふたつの例として、グリフィスの『国民の誕生』(*The Birth of A Nation*, 1915)とエイゼンシュテインの『戦艦ポチョムキン』(*Bronenosets Potyomkin*, 1925)をあげることができるだろう――、否定的な技法、べつにいえば解体も再構築もなしの技法は、できごとといったいどのようにかかわるのだろうか。

否定的な技法は、たしかに既存の技法の否定にほかならないのだから、それがあらわしだすできごとは、そのゼロ地点――発足当初の、技法ゼロの状態――における映画、具体的にはリュミエール兄弟の「シネマトグラフ」による映画のそれとおなじように、機械的、断片的に再現された、日常的なできごととかわらないことになるだろう。しかしその一方で、切断(穴)の否定と連続性(持続性)の強調という特質をもつ否定的な技法によって、日常的なできごとは切断による断片化をまぬがれて、あらたな連続性(持続性)を獲得するのではないだろうか。できごとの切断は、視点の変化によって生じるのだが、ここでは視点は恣意的な変化を否定されており、しかもそれは、ゼロ地点における枠組はもちろん、日常生活の枠組内にさえないのだから、ここでのできごとは、日常生活のレヴェルを超えることなく、しかも日常的なまなざしにも、また既存の枠内にあるカメラのまなざしにもあらわれることのないものというべきことになるだろう。日常であるがままの、しかし通常の（日常的、慣習的な）まなざしには、けっしてあらわれることのないできごと、それが『トリノの馬』のできごとなのではないだろうか。そしてそれは、所与としての言語の枠内で、特定の態度をとる主体によって表象化され、再現前化された――表現された――できごととは、根本的にことなっているのだろう。そのできごとは、言語の根柢を否定するというくわだてによって、断絶（穴）を否定されたテクストとともに、それとして呈示されるのだろう。観客のまなざしのさきにあるもの、それは、できごととテクストが、相互的な差異ないし距離を解消して、ひとつに融合したものにほかならないのではないか。この映画（テクスト）をみること、それは、そのままできごとをみることであり、だからこの場合の受容は、表現されたものを対象とする受容――受容者による主観的（主体的）な解釈――とは、およそことなったものというべきではないだろうか。

おわりに

このテクストの冒頭で、わたくしは「粘るように、身にまとわりつくもの」について語り、また、「逃れどころのなさに息苦しささえおぼえた」とも述べたが、それは、『トリノの馬』の受容体験が、美的法則によってあますところなく制御された、コスモスとしての作品を対象にした受容（鑑賞）とは、およそ異質のものであることを述べようとしたものだったのだろう。かりにそうだとすれば、この映画は、さきにも述べたように、芸術に、あるいは映画に、秩序と調和を、コスモスを期待するひとびとにとっては、あるいは嫌悪の対象でしかないのかもしれない。この映画にたいする、おおかたは肯定的な批評にまじって、否定的な見解が散見されるのも、そのあらわれではないだろうか。

うつくしい、だが、まるでおわりがないかのように、ながい（二時間三十分）、とくに結末にかけて。
(L'Expresse)

貧困の劇化〔にすぎないこの作品〕をまえに、一部のひとびとが傑作だとさけんだとして、それはごまかしがうまくいったことを証すだけだ。
(Cahier du Cinéma)

*

最初に述べたように、このテクストは、『トリノの馬』にはじめてであったときの印象だけにもとづいて書きはじめられた。しかしまもなく、必要にせまられて、市販の資料によってあらためて全体をみなおし、さらに、記述のために、一二の部分を再度みなおさざるをえなかった。みなおすたびに、そしてこのテクストを書きすすめながら感じたのは、当初の、言語化をかたくなに拒むような、粘りつく印象が、しだいにうすれてゆくことだった。それは、印象の言語化をくわだてた以上、当然のことだったのかもしれないが、しかし書きすすむにつれて、『トリノの馬』がすこしづつ遠ざかってゆくように思われてならなかった。

サブタイトルを「『トリノの馬』の動機による」としたが、いまは「『トリノの馬』をとおくはなれて」とでもすべきではなかったかと思っている。にもかかわらず、「はじめに」で述べた「映画テクスト」そのものに関する理論的な検討は、十分にはおこなうことができなかった。いまはっきりいえることが、ひとつだけある。それは、受容を反復すべきではない作品（映画）が、それについては黙すべき作品（映画）があるということ、そして、そのような作品（映画）こそが、まさに「異形」のものであるということ……。

『トリノの馬』にくらべれば、レネの『去年マリエンバート』にしても、ゴダールの『気ちがいピエロ』(Pierrot le fou, 1965）にしても、そしてブニュエル（Luis Buñuel, 1900-1983）とダリ（Salvador Dalí, 1904-1989）の『アンダルシアの犬』（*Un chien andalou*, 1928）でさえも、なんと語りやすかったことだろう。結局はゆきつもどりつを、そして無用な記述をくりかえしただけの、「穴」だらけのテクストになってしまったようだ。『トリノの馬』を語るべく、それはもっともふさわしからぬテクストなのかもしれない。

「はじめに」で危惧したように、このテクストは結局これといった成果ももたらさない、暗中模索に終始してしまった。作家論ないし作品論であることは、最初から意図してはいなかったが、それにしてもタール・ベラという作家の『トリノの馬』という作品を考察の対象としながら、そのいずれの特徴もとらえきれずに終ってしまった。ただ、この問題を、「映画言語」との関連でとらえ、その脈絡でブレッソンの独特な技法との比較を、不十分とはいえ試みえたことは、わたくしにとっては、ひとつの、しかしごくちいさな成果だったのかもしれない。

何年かまえに書いた断片的な覚書を、二〇二〇年晩夏の時点で再読したとき、「日常性」という問題が、当時とはまったくべつのありかたですがたをあらわした。Covid-19によるパンデミックがその根柢にあることはいうまでもない。日常がその日常性を失うという現象に、ひとびとは直面し、戸惑い、その解決のみちを模索しつづけている。しかしこのようなことは、とうていちいさなテクストで論じつくせるものではなく、結局はごく断片的な言及に終ってしまったが、またべつのかたちで論じざるをえないだろうと考えてはいる。

日常の復権　あるいは「ひとそれぞれの摂理」

断章（Ⅱ）――映画『ル・アーヴル』をめぐって

はじめに

とある年の夏のこと、あるちいさな研究会で、タール・ベラの『トリノの馬』〔日本公開題名『ニーチェの馬』〕を映写し、それについて簡単な報告をおこなった。じつはそのとき、アキ・カウリスマキ（Aki Kaurismäki,1957-）の『ル・アーヴル』（*Le Havre*, 2011）〔日本公開題名『ル・アーヴルの靴みがき』〕を同時に映写し、この二本の、ある意味では対照的ともいえる映画をとおして、「日常」という問題について、すこしばかり考えるつもりでいた。しかし、『トリノの馬』そのものが、容易には解決できそうにもない問題を提起しており、それについてともかくも論じるのが精一杯だったために、さきの目論見は、かなりはやい時期に放棄せざるをえなかった。そのつぎの年の夏のこと、おなじ研究会で、あらためて『ル・アーヴル』をテーマにして報告をおこなったが、このテクストは、そのときの報告にもとづいたものであり、その点に関するかぎり、『トリノの馬』に関する報告のつづきともいえるが、しかし、ふたつの報告のあいだに介在した一年という年月のゆえに、二者の関係がかなりうすくなってしまったことは、否定できないようだ。

ところで、二本の映画を「対照的」としたのは、それぞれにおける「日常性」のありかたが、まったくことなっている——むしろ正反対である——、一方が、日常世界が崩壊してゆく過程を、克明にたどっているのにたいして、他方は、日常を、そのものとして——そのあるがままのすがたにおいて——肯定して描いている、そう感じたからにほかならない。

とはいえ、『ル・アーヴル』という映画は、本当に「あるがままの日常」を描いているといえるのだろうか。こころみに、冒頭（クレジット・タイトル前）のシーンをみてみよう。

ふたりの男——靴みがきのマルセルと、その仲間のチャング——、背景にみえる“Le Havre SNCF”と“Quais 1~5”というふたつの表示が[1]、そして画面外から聞こえるもの音が、ふたりのいる場所がル・アーヴル駅の構内であること、そして、おそらくは、物語の展開する場所がフランス北西部の港町ル・アーヴルであることをしめしている。

［以下の記述では、ひとつの句が、おおむねひとつのショットに対応している。］

……道路をあるくひとびとの足、靴みがきの道具、マルセルとチャング、客引きをするマルセル、鞄をかかえたひとりの男（男A）があらわれる、男Aをみるマルセルとチャング、男Aの靴、不安げに周囲をみまわす男A、マルセルの店の椅子に腰をおろし靴をみがかせる男A、チャン男Aをみる［カメラ軽くパン・ダウン］↓鞄をしっかりとかかえる男Aの手、マルセル［カメラパン・ダウン］↓靴を磨く手、周囲をみまわす男A、あやしげな男B、男Bのクローズ・アップ、不安げな男A、もうひとりのあやしげな男C、男C、男A「もういい」マルセルに金をわたして立ち去る、男Aを見送るマルセルとチャング――銃声が、悲鳴がきこえる――、チャング「かわいそうに」マルセル「さいわい金ははらってくれた」、マルセル「逃げようか、巻きこまれないうちに」チャング「また夜も来る？」マルセル「もちろんだ、金がうごくのは夜だ」。

簡略化はしてあるが、ショットごとの記述をこころみたのは、全体としてはむしろ静穏な印象をあたえるこの映画が、実際にはダイレクトカットでむすばれた、みじかいショットから構成されていること、できごとがかなりのはやさで進展することなどをしめしたかったからである。そして、このような点に、この映画あるいはカウリスマキにたいする小津安二郎（1903-1963）の影響をみることも、あるいは可能かもしれない。たしかに、小津の場合とおなじように、それぞれのショットは、対象の配置や枠どり

（cadrage）がきわめて的確であるために、その構図は安定した印象をあたえ、また画面の調子がほぼ統一されているために、全体としては、おだやかな、あるいは静かな印象が醸し出されているとはいえないだろうか。なおカウリスマキにたいする小津の影響については、しばしば語られており、またカウリスマキ自身も語っているし、それとしてたしかに興味のある問題でもあるが、ここではそのことにはたちいらない。

ところで、ここで注目すべきは、この映画が、無法な男どもの抗争や殺人という、一般にいう日常的なできごととはおよそ正反対の――非日常的な――できごとを描いたシーンではじまることだろう。そして、このようなシーンではじまったこの映画を閉じるのは、満開の桜の花のショットと、それに重ねられるアルレッティ（マルセルの妻）の「食事の支度をしますね」という、まさに日常的なことばである。しかし、この冒頭のシーンと、最後のせりふ（ショット）は、カウリスマキのたくみな語りによって、いささかの無理もなく、連続的ないし有機的にむすばれているために、このふたつを、非日常／日常という対立関係においてとらえるひとは、おそらくすくないのではないだろうか。

冒頭のできごとは、そのものとしてみれば――あるいは通常の観客にとっては――、たしかに非日常的というべきだろうが、しかし、マルセルが生きている世界では、くりかえしおこる、その意味ではありきたりの、日常的なできごとなのかもしれない。それとは逆に、最後のショットで聞かれるアルレッティのことばは、それだけをとりだすならば、つねにくりかえされる、ありきたりの、日常的なものというべきだが、しかし、この映画の——冒頭から結末にいたる——できごとを生きてきたマルセルにとっては、特別の意義をもった、それとして輝くものではないだろうか——満開の桜は、この非日常の気分と響きあうのだろう。日常と非日常は、そしてふたつの関係は、それとして定まったものではなく、流動し、相互に戯れあい、ときには融合しさえするのかもしれないし、日常の世界も、だから単一で、固定したものではないのだろう。

日常ということ

しかし、日常とはいったいなんなのだろう。日常をそれとして規定することは、じつはきわめてむずかしいのかもしれない。というのも、日常の世界は、客観的ないし普遍的に存在するものではなく、ひとそれぞれにたいしてあらわれるもの、あるいは、ひとそれぞれが自分自身にたいしてあらわしだすものと考えられるのだから。日常、この、ありきたりで、わかりきった、しかしまた、その正体をとらえがたいもの……。ここでは、アウエルバッハ（Erich Auerbach, 1892-1957）がモンテーニュ（Michel Eyquem de Montaigne, 1533-1592）について述べていることばを手がかりにしながら、さしあたっての問題の検討に必要なかぎりで考えてみたい。

アウエルバッハは、モンテーニュが生きていた時代を、「キリスト教的な表象の枠組」（die christliche

Rahmenvorstellung）から自由になった時代ととらえているが、かつてキリスト教という強固な――ほぼ絶対的な――枠組によって秩序をあたえられていた世界の表象は、その枠組の崩壊によって、すさまじいカオス的な状況におちいったと考えられ、そのカオス的な状況を、あらためてコスモスに転じることが、モンテーニュにとっては、不可欠の、しかも緊急のことだったにちがいない。そして、そのためにとりあえず必要なことは、このカオス的な世界のなかに、自分自身の位置を定め、すべての表象を、その位置から、自分自身との関係においてとらえ、秩序づけることだったのではないだろうか。アウエルバッハによれば「モンテーニュは、同時代人のだれよりも明確に、人間の自己定位という問題（der Problem der Selbst- orientierung des Menschen）をとらえていた。それは、いかなる確とした支えもなしに、生存におけるここちよさを作りだす（sich ohne feste Stützpunkte in der Existenz Wohnlichkeit zu schffen）という課題であった(2)」。

「生存におけるここちよさ」とは、ひとびとがそこで生存する（生活する）世界――「生の世界」（die Lebenswelt）といえるかもしれない――が、自分にとって、調和のとれた、その全体が容易に認識できるものとしてあらわれることにほかならないのではないだろうか。ひとびとが、日々の生活を、「ここちよく」送ることができるような世界、それは、いうまでもなく、ひとびとにとって特別な世界ではなく、あたりまえの世界でなければならず、そして、それこそがおそらく本来の日常の世界なのだろう。

もちろん、モンテーニュの時代に、うえで述べたような自己定位をおこなうことは、いちじるしく困難なことであり、かれのように特別の才能をもったひとにのみ可能なことだったにちがいない。そしてこのことは、かれがあらわしだした「生存におけるここちよさ」をもつ世界が、じつはきわめてまれなものであり、大多数のひとびとにとっては、例外的な、その日常にはありえないものだったことを意味するだろう。大多数のひとびとは、モンテーニュにとっては崩壊したはずの、前代の（キリスト教的な）表象の枠組のなかに、あいかわらず身をおき、その枠組によって規定された位置に自分自身の位置を定め、そこから世界を認識可能なものとして、みずからにあらわしだしていたのではないだろうか。

いずれにしても、いつの時代の、どのような人間にとっても、このような世界は、その生存にとって不可欠のもののはずである。現在、モンテーニュの時代に崩壊したとされるキリスト教的な、ある意味では超越的な表象の枠組は、依然として失われたままであり、しかも近代的な機械技術（テクノロジー）の出現と展開によって、世界は、さらに混沌とした様相を呈していると思われ、したがって「生存におけるここちよさ」の実現は、より緊急のものとなっていると考えられるのだが、その一方で、崩壊したキリスト教的な枠組にかわって、モンテーニュにその明確な自己定位を可能にしたもの、自分自身の外部にではなく、その内部に求められた存在の根拠――人間に内在する理念、一言でいえば「普遍的な人間性」――もまた、現在、ある意味では危機に直面しており、というより崩壊しつつあるとさえ考えられるのだから、そのことからいえば、「生存におけるここちよさ」の実現は、いまむしろいちじるしく困難な状況にあるとみるべきかもしれない。

しかし、まったくべつの見かたをすることもできるのではないだろうか。たしかに、工業化の進んだ現在の巨大化し、複雑化した世界は、その実体を容易にはみせてくれず、ひとびとにとってその仕組は、理解をはるかに超えたものであり、したがって全体としては把握不可能なカオスあるいはブラックボックスというべきだろうが、しかしその一方で、この世界はまた、高度に情報化された世界でもあり——そのことが、カオス的な性質を増幅していることも、たとえばインターネットによる情報の無際限の拡散などを考えれば、容易に理解できることなのだが——、しかもその情報のおおくが、世界（社会）そのものについての情報であることもまたたしかである。工業化され、情報化された世界は、その世界に関する多様な情報——メタ情報とでもいうべきもの——を、たえず発信しつづける世界でもあるのだろう。おおくのひとびとは、意識的に、あるいは無意識的に、この情報を受信し、この情報によって、意識的ないし無意識的に——おおくの場合、おそらくは無意識的に——、カオスをコスモスに転換してとらえているのではないだろうか。そしてもともとはカオス的な——通常の理解を超えた、非日常的な——できごとでさえも、理解可能なものに変換され、コスモスに転じた世界のなかに組みこまれる——日常化される——のだろう。

この世界においては、コスモスとカオス、通常と異常、そして日常と非日常は、その差異をうしなって、共存するのだろう。そして、ひとびともまた、それぞれのあいだの差異をうしなって均一化され、この世界のなかで共存しているのではないだろうか。しかし、そのような、多数に共通する、均一的なコスモスは、ひとりびとりにとっては、その「生存におけるここちよさ」を、かならずしも保証してくれるものではないはずだ。

この均質的なコスモスのなかで、ひとびとは、自分にとって「生存におけるここちよさ」をもつ世界――自分自身の日常世界――を、なんとかしてあらわしだそうとするだろうが、その際、おおくのひとにとって指針（モデル）となるのが、無数のメディアが発する多様なメタ情報ではないだろうか。べつにいうなら、ひとびとは、メディアが送りとどけるメタ情報＝モデルにしたがって――モデルを模倣しながら――、それぞれの日常世界をあらわしだしているのではないだろうか。だから、ひとびとの日常世界は、おどろくほどに似かよった――ほとんど差異のない――ものになるのだろうが、しかし、その一方で、日常世界は、それぞれのひとに特有のものでなければならないはずだ。それぞれの日常世界のあいだの差異、それは、おそらくモデルの模倣における差異なのだろうし、その差異は、個人的、制度的な、あるいは意識的、無意識的な条件、たとえば性別、年齢、家庭、地域、職業などの条件に起因するものなのだろう。ひとびとは、いま、ほぼおなじような、しかしまた相互に微細な差異のある世界をあらわしだし、そのなかで生きているのかもしれない。このふたつのいとなみは、おそらくほぼ同時におこなわれ、またそれぞれのあいだに、明確な差異はないのかもしれない。むしろ、このふたつのいとなみの綯いあわせから生じるものこそが、そのひとの日常世界なのではないだろうか。「カオス的な世界」―「劃一的なコスモスの世界」―「それぞれの日常世界」、いまひとびとが生きる世界は、これらみっつの世界の錯綜した戯れによって織りなされているのだと考えられる。そして、このことは、日常の世界がほぼ劃一化し、個人にとっての「ここちよさ」をもはやもたらさないことが、あるいは、日常の世界に、突然カオス的なものが出現し、「ここちよさ」を脅かすことが、むしろしばしば―まさに日常的に―生じるだろうことを物語っているのではないだろうか。

『ル・アーヴル』の世界

上で述べた問題について、『ル・アーヴル』に即しながら、あらためて考えてみてみよう。冒頭でしめされる、非日常ともいえるできごとは、しかしマルセルにとっては、その日常を脅かすものではなかったようだ。靴をみがき、お金をかせぐ、それがかれの日常生活の一部分なのだろうが、あの、異常とも思われるできごとにたいするチャングの「かわいそうに」ということば―異常事態にたいする、チャングなりの感懐の表明―にたいして、マルセルは、「金ははらってくれた」と答え、「また夜も来る?」と問うチャングにたいして「もちろんだ、金は夜うごく」と答える。男Aが殺されるという異常事態は、かれが料金をはらったという、靴みがきで金をかせぐマルセルにとってはあたりまえの、日常的なできごとによって、ごく自然に通常に転じ、その世界に組みこまれるのだろう。パン屋からバゲットを、あるいは食料品店から商品を無断でもちだすのは、あきらかに「万引き」とよばれる犯罪的な、異常な行為のはずだが、マルセルにとって顔なじみであるパン屋の女主人イヴェットと、食料品店のおやじジャン＝ピエールは、いくぶんか迷惑そうな顔はするものの、またか、といった調子で、とくにとがめることもしない。このひとびとにとって、それはほぼ日常的な、あたりまえのことなのだろう。靴みがきとパン屋そして食料品店――盗むひとと盗まれるひと――、それぞれの日常世界は、当然相互にことなっているはずだが、しかし、この場合、それらはなんの無理もなく、ひとつに融けあっているかのようだ。

日常の世界で「ここちよく」生きるためには、その世界がひとりびとりにとって特有のものであることが――他者のそれとことなったものであることが――不可欠だと考えられるのだが、このひとびと――マルセルが通うカフェ「ラ・モデルヌ」のクレールをそのなかに含めてもよいだろう――は、微細な差異にこだわることなく、ごく自然に、それぞれの世界の境界を越えて、他者の世界にはいってゆく。このひとびとは、それぞれのたしかな世界で生きているのだが、しかしその世界は閉ざされてはいず、自由な往来をゆるしている、つまり越境可能なのだ。とはいえ、越境はすべてのひとに可能なのではない――たとえばモネ警視にとっては、越境はほぼ不可能だろう――。それでは、いったいなにが越境を可能にしているのだろうか。しかしその「なにか」は、結局はこの映画そのものから、直接に、ある意味では直感的に読みとるしかないのだが、しかしその読みとったものを、言語で語ることは、きわめて困難というしかない――あるいは、それもまたこの映画の特徴のひとつなのかもしれない。

ただ、つぎのことはいえるのではないだろうか。ル・アーヴルという港町のさびれた一郭で、それぞれのささやかな仕事にいそしみながら、ゆたかとはいえない、といって貧困でもない生活を――おなじ空間で、おなじたぐいのたずきで、おなじレヴェルの生活を――送るひとびとのあいだに、おのずから生じる連帯感とでもいうべきもの。そして、その連帯のあかしは、これらのひとびとがかわす「まなざし」にあるのではないか。この映画をはじめてみたとき、まず気づいたのは、たじろがずにまっすぐまえを、あるいは相手をみつめる、ひとびとの「まなざし」の強さ、あるいは、あえていえば、邪気のなさだった。いちいちその例をあげるまでもないだろう。あのモネ警視でさえも、自分をよそ者と感じながらも、たじろぐことなくひとびとにまなざしをむけるのだが、それは、なんとかして自分の世界を超え、他者の世界にはいろうとする、かれのエトスのあらわれともいえるのではないだろうか。おおくの場合、他者にむけられたつよいまなざしは、なにがしかの反撥をひきおこしがちなものだが――俗にいう「眼をつける」など――、このひとびとのまなざしは、連帯の、絆の生成とその確認なのではないだろうか。

＊

冒頭のシーンのあと、クレジット・タイトルのバック・シーンが、街をあるくマルセルのショットではじまる。いかにも高級そうな靴屋、その入り口で商売をしていたマルセルが店員に罵倒され——「テロリスト奴」——道具を蹴散らされる、べつの街角のマルセル、街、港の画面がつづき、Le Havre というタイトルが出る。そして、そのあと、マルセルの日常生活が、立ち寄ったカフェの画面などでえがかれるのだが、クレールとの会話をとおして、マルセルとアルレッティの関係——溝にはまっていたホームレスのマルセルを、アルレッティが救ったというエピソード——があきらかにされる。そして、イヴェットとジャン＝ピエールとのやりとりのあと、マルセルは家に帰り、アルレッティと顔をあわせる。そのあとの数ショットは、この夫婦のありかた、そしてその日常生活を、暗示的に、しかしあますところなく描いているとはいえないだろうか。

……その日の稼ぎをさしだすマルセル、それをブリキの箱にいれ、そこからいくらかの紙幣をとりだすアルレッティ「アペリティフを飲んできたら、わたしは食事の支度をするわ」、出かけるマルセル、食事の支度をはじめるアルレッティ、ふとその手をやすめ、不安げに胃のあたりをさすり、そしてテーブルにうち伏すアルレッティ。それまでの日常の連続のなかに、異質の——非日常の——ものがふとしのびよる。食事をするマルセル、食べないのかと問うマルセルにたいして、友達とカスレを食べたので、食べたくないと答えるアルレッティ、ベッドのマルセル、アイロンをかけ、マルセルの靴をみがくアルレッティ……、こうして、ふたたび日常の時間がつづく。夜の港（俯瞰）コンテナーの列、見張りの男、ひとつのコンテナーをいぶかしげにみる見張りの男、朝の港、自転車の男、「密航者らしい」、コンテナー、武装警官隊、モネ警視、開けられるコンテナー、コンテナーのなかからみつめる密航者のまなざし――しかしそれを受けとめるまなざしはない。逃げ出す少年（イドリッサ）、撃とうとする警官をとめるモネ。〔……〕ル・アーヴル駅、客の靴をみがくマルセル、客の読む新聞をのぞくマルセル、一面トップの見出し「アル・カイダとの関係ありか。コンテナーの密航者の一人、逃亡中」（DES LIENS AVEC AI QUÉDA? L'UN DES RÉFUGIÉS DU CONTENEUR EN CAVALE）。港の岸壁での、マルセルとイドリッサの偶然の出会い、岸壁のしたからみあげるイドリッサのまなざしと、うえからみおろすマルセルのまなざしとの出会い。こうして、それまでの日常のなかに、異質のものが、非日常がはいりこみ、展開してゆく。

イドリッサと出会ったあとのマルセルの行為は、あきらかに日常を逸脱したものといえるだろう。法の網をかいくぐって逃亡し、アル・カイダとの関係さえ疑われるイドリッサ、そのイドリッサのロンドンへの密出国を実現させようと、カーン（Caen）の難民収容所を訪れたり、密出国の費用を捻出するために、慈善コンサートを企画するという行為は、ここまでに描かれてきたマルセルの日常生活とは、まったく異質のものというべきだろうし、そして、マルセルに協力するひとびとの、とくにイヴェット、クレールそしてジャン＝ピエールの行為は、おおくの批評がこぞっていうように、たしかに善意に満ちた、無償の行為というべきものかもしれない。しかし、わたくしには、かならずしもそうとは思われない。

マルセルの留守のあいだに、アルレッティは病いにたおれ、入院し、医師から死期のちかいことを知らされるが、しかしマルセルには、そのことを秘めておく。不在の、だが、マルセルにとってはやがて戻ってくるはずのアルレッティと交替する――その不在の空隙を埋める――かのように、イドリッサがマルセルの家にやってくる。港の岸壁でまなざしを交わしあったときから、イドリッサは、マルセルにとって、もはや異邦人（無縁のひと）なのではなく、おなじ世界の住人になっていたのだろう。マルセルとイドリッサの日常生活が、それまでのマルセルとアルレッティの日常生活に、切れ目なしに連続する――べつのテクストで触れたように(3)、日常にとって、連続ないし反復は、おそらく不可欠の契機なのだろう。そして、マルセルの世界の住人になったイドリッサは、イヴェット、クレールそしてジャン＝ピエールらにとっても、もはや異邦人なのではなく、おなじ――相互に越境可能な――世界の住人なのだろう。イドリッサにたいするこのひとびとのふるまいは、だから善意といった特別の意志にもとづいたものというよりは、ごく自然な（当然な）ものというべきではないだろうか。しかしこの（映画の）世界のそとにあるひとびと（観客）にとっては、それはきわめて特別な、まれな――極端にいえば、ほぼ理解不可能な――ふるまいなのかもしれず、そのためにそれを特別の意志――善意――によるものとして、理解可能なものに転じようとするのだとさえ考えられる。

ここで、日常の世界が、一定の原理によって整然と秩序づけられたものではなく、曖昧な、雑多なものの共存を許容するものであることを、あらためて確認しておくべきだろう――そこでは、相異なるもの、さらには相反するものでさえ共存する。だから、イドリッサはマルセルの世界に、そしてあのひとびとの世界に、容易にはいりこむことができたのだろう。一定の原理――たとえばロゴス的な原理――にしたがった生を標榜するひとびとにとっては、日常の曖昧な世界は、否定されるべきものであり、あるいはたかだか本来的な生を生きるための、余儀ないものにすぎないのかもしれない。おなじように、普遍的な価値――たとえば真、善、美など――の実現をめざすひとびとにとっても、日常の曖昧は排除されるべきものでしかないのだろう――たとえば芸術（美的領域）にとって、日常は、おおむね忌むべきものでしかない。しかしマルセルやあのひとびとにとっては、日常はただひとつの世界なのであり、それぞれがなんらかの否定的なものをかかえながらも、曖昧のなかで共存し、それぞれの生を全うする世界なのではないだろうか。

しかし、このような日常など、いまはありうべくもない、そうおおくのひとはいうだろう。たしかにそうかもしれない。現在、ひとびとの日常世界のなかには、多様な媒体、とくに電波媒体による情報がはいりこんでいること、しかもその情報のおおくが、現実のレヴェルと大差のないイメージによって構成されていること、もっとも近しいひとびとのあいだにさえ、これらの情報が、知らず知らずのうちに介入し、その関係を間接的で希薄なものにしていることなどについては、これまでくりかえし述べてきた。実際、この映画でも、アルレッティが家事をしながら、密入国者を官憲が排除する情景をつたえるテレビの画面をながめており、外部の世界が、テレビ画像（模像）をとおして、その日常にはいりこんでいることをしめしている。はいりこんできた外部の情報が、マルセル＝アルレッティの日常を変質させているのか、あるいは外部の情報が日常化され、その異質性を失っているのか、映画はそれを明示することをしないが、アルレッティのテレビをみる態度から、情報は異化的には作用していず、むしろ日常と化している、そう推測することができるかもしれない。なにかをしながらのテレビ受容体験が、簡単に忘れ去られること——意識のレヴェルでは、その痕跡をとどめないこと、しかし、おそらく無意識のレヴェルでは、受容体験は消えることなく蓄積されてゆくだろうこと——を、ここで考えるべきかもしれない。

もとへ戻ろう。情報の氾濫、あるいは、世界を覆いつくす情報の編み目（ネットワーク）のゆえに、日常が変質し、あるいはかつてのような日常が失われつつあることは、おそらく否めないだろう。こうした状況からみれば、マルセルの日常は、たしかにありえない、非現実のものというべきかもしれない。カウリスマキ自身も、この映画について、「このとかく非現実的な映画」と語っており[4]、このような日常が現在ありえないことを自覚していると思われる。難民問題という、きわめて現実的な問題をとりあげながら「非現実的」であること、この映画にたいする否定的な評価のおおくは、この「矛盾」に由来するといえるかもしれない。たとえば「カイエ・デュ・シネマ」は、「むかしのパンはおいしかった」というのとおなじような、たんなる回顧趣味にもとづいた、無邪気なおとぎ話にすぎないとして、五段階評価の最低の評価（星ひとつ）しかあたえていない。[5] また、好意的な批評の場合にも、「現代のメールヒェン」とか「心あたたまるおとぎ話」といったたぐいの評言が目につく。いま、このことについて、すこしばかり考えてみたい。

まず、カウリスマキのことばを聞いてみよう。

ヨーロッパ映画は、これまで、悪化する一方の金融、政治、そしてなによりもモラルの危機といった、いまだ解決の見えない難民問題を招いている事柄を、あまり扱ってこなかった。なんとかして諸外国からＥＵへやって来ようとする難民たちが受ける、通常ならありえない、往々にして不当な扱いについて描いてこなかったのだ。／私にも、この難題への答えがあるわけではない。それでも、このとかく非現実的な映画で、この問題を取り上げたかったのだ。[6]

カウリスマキは、さきに指摘した「矛盾」を十分に意識していたのだし、この「矛盾」こそが、じつは『ル・アーヴル』という映画の特色であり、意義であり、さらには価値であるとさえいえるのではないか。たしかに、ＥＵ諸国にとって、難民問題はきわめて厄介なものなのだろう。一国の利益や国民感情を重んじることと、難民そのものが投げかける人道上の問題とは、しばしば対立するだろうし、問題の深刻さは、わたくしどもには理解しがたいものかもしれない――自国中心主義や難民（移民）の排斥を主張する政治の傾向が、EUのみならず世界の各国でつよまりつつあることを考えるべきだろう。ただ、つぎのことはいえるのではないだろうか、おおくの国々は、たとえば難民キャンプを作るなどして、人道上の要請にこたえながら——あえて皮肉な見方をするならば、そのようなしぐさをしながら——、その一方では、難民を不法入国者として、国外への追放をおこなってもいるのだが、そのような対処のしかたでは、この問題の根本的な解決がまったくなされないことも、否定できないようだ。密入国をくわだてるひとびとの背後に存在するだろう、そのようなくわだてさえ不可能な、膨大な数のひとびとに思いをいたすなら——アフリカ諸国における部族間の、中近東やアジアの諸国における、ことなった宗教あるいは宗派間の、やむことのない抗争と、増大するだけの難民——、この問題の政治的な解決——国内、国際のいずれを問わず、政治のレヴェルでの解決——は、きわめて困難であり、むしろほとんど不可能にちかいとすらいえるだろう。

カウリスマキがこころみようとしたのは、この難問題を、それとまったく正反対の日常の世界——もともと越境可能な世界——のなかでとらえなおすことではなかっただろうか。そして、そのために、難民問題をイドリッサ個人の問題に還元し、その解決を、国家権力や国際機関などともっとも遠い位置にあるだろう、マルセルとその仲間にゆだねたのではないか。わたくしども日本人にとって、難民問題は、その存在と概要はむしろ周知のものでありながら、日常の生活とはほぼ無縁のままにとどまっている、というより、関係のないものとして、日常の枠外に排除される傾向にあるのではないだろうか。それにたいしてマルセルは、イドリッサをその日常の枠内に、ごく自然に――当然のこととして――うけいれる。おそらくは、あのまなざしの交流をとおして、イドリッサが自分と同類の存在であることを直感し、イドリッサの願望を自分の願望と感じたからなのだろう――かつてパリで売文をなりわいとしながら、放浪の（おそらくは放逸の）生活をおくり、やがてはホームレスの生活に転落し、おそらくはアルレッティのおかげでその困難な状況から脱し、ル・アーヴルという別天地で、それなりに平穏な日々を送っているマルセルには、そう感じることができたはずだ。おそらくはその平穏な日常のなかで、これといった特別の願望――欲求ないし欲望――をもつことのなかったマルセルは、しばらくのあいだ、他者（イドリッサ）の願望（欲望）にたいする願望（欲望）をいだき、その充足をくわだてたのではないだろうか。[7] だが、それで問題は解決されたのではなく、ただたんに個人のレヴェルに矮小化されただけではないか――、そう批判することは容易だろう。しかし、たとえ映画というフィクションの世界においてであったにしろ、制度的な枠組のなかでは、解決不可能なままに放置されるしかなかったものが、ただひとりにかぎられてはいるにせよ、ともかく解決をみたのは、それが制度的な世界から日常の世界に転移されたからではないだろうか。そしてこのことは、ある意味では、現在の政治的、社会的な制度にたいする痛烈な批判でもあるはずだ。権力が解決できない問題を、あたりまえの生活を送る、あたりまえのひとびとが、解決する――『ル・アーヴル』の根柢にあるこのような批判（批評的精神）を、一部の批評家たちは読みとれなかったのだろうか。

映画というフィクションにおいて、そのような、たしかに「非現実的」な日常を具体化するために、カウリスマキがおこなったのは、一九三〇年代のフランス映画、あるいはマルセル・カルネ（Marcel Carné, 1906-1996）や小津安二郎の描いた世界を、ひとつのモデルとすることだったのかもしれず、そのために懐古的なニュアンスが生じたことも、否定できないかもしれないが、それは、けっして過去への韜晦などではなかった。いわずもがなだが、アルレッティ（Arletty）は、カルネの『天井桟敷の子供たち』（*Les enfants du paradis*, 1945）で主役を演じた、あの忘れがたい女優の名前でもある（Arletty, Léonie Bathia, 1898-1992）。いずれにしても、このようなモデルにならいながら、ル・アーヴルという港町を舞台にして描かれた日常生活が、映画というフィクションの世界のなかで、現実性（真実性）を獲得していることは、わたくしには、たしかなことのように思われる。

*

アルレッティの病気が、現在の医学的な常識では不治のものであることを、医者はかの女に告げる。アルレッティは、そのことをマルセルには告げないようにたのみ、また、おそらくは衰えゆく身をみせたくないために、あるいはマルセルを悲しませないために、一週間は見舞にこないように、そして一週間後にくるときには、黄色のワンピース――おそらくはお気に入りの、あるいはマルセルとの思い出がつまっているだろう衣服——をもってくるように頼む。だが、一週間後の日、それはイドリッサのための慈善コンサートの当日だった。マルセルはワンピースを紙で包み、病院にもってゆくように、イドリッサに依頼する——アルレッティの願いをかなえるか、イドリッサの願望を実現させるか……、マルセルは、しかしいずれかを選択することをせず、警察と密告者の眼がひかるなかで、それがきわめて危険なことを承知したうえで、ふたりの願望の同時的な成就をくわだてる。偶然が幸いするだろうことを、おそらくは無意識のうちに信じて。

……バス・ストップのイドリッサ、バスのなかのイドリッサ、病院のエレヴェーター室「十三号室は」、病室にはいるイドリッサ、ベッドでまどろむアルレッティが身をおこす「わたしに会いにきたの」（カメラ左にパン）マルセルのことばをつたえるイドリッサ「あなたはだれ」「マルセルの友だちです」「どうしてここへ」「偶然です（par hasard）」「はやくよくなって」「ありがとう、そうするわ」「さようなら」「さようなら」——みつめあうふたり、交流するまなざし——、去ってゆくイドリッサ、ベッドのうえの包みをみるアルレッティ。

簡略化してしめしたこのシーンは、イドリッサとアルレッティが出会うただひとつのシーンなのだが、その叙述は、むしろきわめて抑制されたものといえるだろう——ここでの感情をおさえたせりふやショットのきりかえは、またもや小津を想起させるかもしれない。アルレッティは、イドリッサについて、マルセルと出会い友だちになったことしか知らず、イドリッサは、アルレッティについて、マルセルの妻であることしか知らない。そして、アルレッティとイドリッサの出会いもまた、偶然のもたらしたものであり、瞬時のものでしかない。しかし、ふたりがともにマルセルの世界の住人であることを理解するためには、それで十分なのだろう。ひととひととのあいだに、絆が結ばれるためには、そして、そのことを了解するためには、おそらく日常の世界での共存こそが必要なのであり、言語（ロゴス）あるいは観念などはほぼ無用であり、ときには有害でさえあるのかもしれない。

本筋からはおおきく逸れるが、二〇一一年三月十一日の大災害のあと、しばらくのあいだ、「絆」ということばがいろいろなひとによって語られ、いろいろなメディアをとおして拡散していった。地震と津波で孤立した地域の住人たちが、肩をよせあいながら、災害に対処していったありさまが、ひとつの「美談」として語られ、たしかにおおくのひとびとに感動をもたらした。「絆」の大切さが強調され、それこそが日本人の特質であるというひとびとまであらわれた。しかし、あのときの「絆」は、災害によって電気、水道、通信の設備などの、それまでひとびとの生活を枠どっていたもの——制度的な枠組——が崩壊し、それまで制度のもとに覆い隠されていた、もっとも基礎的なレヴェルの日常世界があらわれたことによって、はじめて可能だったのではないだろうか。それとともに、これらの地域が、おおむね漁村という、もともと濃厚な雰囲気——個人的な世界の差異をやわらげるもの——をもつ共同体であったことも、忘れてはならないだろう。

奇跡あるいは偶然

偶然が、二者択一の難問を解決する――アルレッティはワンピースとマルセルの伝言を受けとり、イドリッサのための慈善コンサートは成功裡におわる。もちろんそれで問題がすべて解決したのではない。アルレッティはマルセルに会うことができずにおり、イドリッサの密出国は、まだ実現にいたっていない。映画は、しばらくのあいだ、記述（語り）をイドリッサのできごとにかぎってゆくのだが、観客は、そのできごとと同時に、アルレッティの病気が進行すること、その最後のときがちかづきつつあることを、当然知っており――ここでは、現前するできごとと不在のできごとが、同時に進行する――、そのことが、できごとの語りに、ある緊張感をもたらしている。警察と密告者のきびしい警戒の網を、イヴェット、クレールそしてジャン＝ピエールらの助けによってたくみにかいくぐり、マルセルとイドリッサは、密出国をうけおってくれた漁船にようやくたどりつき、イドリッサはその船倉に身をひそめる。しかしそのとき、モネ警視があらわれ、漁船に乗りこみ、船倉の入り口を開ける……見あげるイドリッサ、見おろすモネ、まなざしの交流。それにつづくように警官の一隊も漁船に乗りこみ、臨検をはじめる。イドリッサの願望は危機に瀕する。だがモネは、イドリッサがひそむ船倉の入り口に腰をおろし、警官隊にすでに自分が臨検をすませたと語って、警官隊を追いはらう。

……出港する船、見送るマルセル、そしてモネ、船倉から出るイドリッッサ、船上から遠ざかってゆくル・アーヴルの街をながめるイドリッッサ、前方をみつめるイドリッッサ。まるで奇跡のように、イドリッサの願望は満たされる。モネ警視と警官隊が登場したとき、観客は、一方では悲劇的な結末を予測しながらも、他方では——あの視線の交流をとおして——モネがそれまでの枠組をでること（越境）を期待したのではないだろうか。そして、その期待は、けっして根拠のないものではなかった。

モネは、たしかにマルセルたちの世界のそとにいるが、しかし完全にそこから疎外されているのではない。マルセルがはじめてイドリッッサとモネに出会う岸壁のシーン……水のなかからマルセルをみあげるイドリッッサ、そのイドリッッサをみおろすマルセル、そしてそのマルセルをみおろすモネ。ここでは、まなざしの序列が、ヒエラルキーが成立している。その頂点にあるのは、もちろんモネのまなざしであり、底辺にはイドリッッサのまなざしがあり、そのふたつのまなざしを媒介するように、マルセルのまなざしがある。モネのまなざしは、そうしようとすれば、マルセルの思惑を、そしてイドリッッサの正体をもあばく力をもつはずだが、しかしモネはその力を行使はしない。そのとき、まなざしのヒエラルキーは、まなざしの交流へと変容し、三者のあいだに、それぞれことなってはいるにせよ、ある了解が成立する。ひとびとの世界から完全に疎外されているのは、モネではなく、密告者ではないだろうか。密告者のまなざしは、つねに一方的であり、それに応じる他者のまなざしは皆無といえるだろう。密告者は、だから、どのような世界にも住んでいない、まさにネガティヴな存在——"invisible man"——でしかない。

モネがつねにひとびとと対面し、まなざしを交すのにたいして、密告者は、だれとも対面しないし、まなざしを交しもしない。

＊

イドリッサの出航のあと、ことばを交すマルセルとモネ……「お詫びのしるしに一杯を」「カルヴァドスなら」、カフェにはいるふたり、カフェ、マルセルの家、部屋を掃除するマルセル、テーブルの一輪挿に黄色い花、外出の支度をするマルセル、部屋を出るマルセル、からっぽの一輪挿、病院の階段をのぼるマルセル、病室――アルレッティ不在のベッドのうえの紙包、紙包（クローズアップ）、看護師といっしょに病室を出るマルセル、廊下――看護師べつの看護師に「ベッカー先生のところに」、部屋の入り口、医師マルセルに予測のつかないことだったと告げる、左を向いたマルセルのまなざしのさきに、黄色いワンピースを着たアルテッティ「なおったわ、家に帰りましょう」、車の後部席のふたり、車からおりるふたり、路地をあるくふたり――犬の鳴き声――、桜「見て、桜が満開だわ」、入り口にむかうふたり、桜「食事の支度をしますね」、桜（音楽）。

イドリッサのできごとの、「奇跡」としかいいようのないハピーエンドのあと、それまで観客にたいして不在だった、しかしその不幸な結末がほぼ確実に予測されるアルレッティのできごとが、現前する。

マルセルの家から、急速に展開し、アルレッティ不在の病室にいたるできごとの展開、そしてベッドのうえの紙包、その一瞬のクローズアップは、すべて不幸な結末を予測させるが、その予測は、そのあとのいくつかのみじかいショットのつらなりによって、みごとにうらぎられる。この奇跡のような、批評家によっては「とってつけたような」というだろう結末のあと、ごくわずかなショットが、最後の桜のショットを導き、そこに「食事の支度をしますね」というアルレッティのことばが、日常を代表する（表象する）だろうことばが聞こえ、奇跡は一挙に日常に転じ、『ル・アーヴル』という映画が語りつづけてきたひとびとの日常の世界に、みごとにおさまったといえるのではないだろうか。奇跡的なのは、だからできごとの結末ではなく、奇跡を日常に転じた、この映画の語りなのだ、むしろそういうべきではないだろうか。

さきに概略でしめした画面のひとつびとつ、そしてそれらのつらなりは、いっさいの余分なものをぬぐい去った、簡潔な、そして純度のたかいものというべきだろう。ここでも小津を、とくに『東京物語』（一九五三年）の最後のいくつかのショットを想起することができるのではないだろうか……妻の葬儀に参列した子供らが帰ったあとひとり座敷にすわる夫、むこうを通りかかる近所のおばさんとことばを交わす夫、夫のすがた、尾道水道（海峡）の俯瞰、夫、尾道水道（音楽）。ついでだが、小津の映画では、正面をむいた顔（まなざし）のショットを交錯させる——切り返しでしめす——ことによって、対話（対面）するふたりをえがくことがおおいが、『ル・アーヴル』でも、おなじ手法が頻出する——

なおこの手法そのものは、けっして小津に特有のものではなく、むしろ慣習化した手法というべきだが、そのような手法が、小津によって、きわめて特徴的な、説得力のあるものになっていることは、たしかだと思う。

……やがて訪れる奇跡のように晴れやかな旅立ちと再生のラスト・シーンは、しばしば忘れえぬ〝最高のハッピー・エンディング〟として観る者の胸に染み入るに違いない。(8)

＊

これは、おそらく、この映画をみたひとのおおくに共通する感想ではないだろうか。なるほど、イドリッサの願望の成就とアルレッティの病気の治癒は、「奇跡」にひとしいかもしれない。「奇跡」――「常識では考えられない不思議なできごと。キリスト教で、科学の知識からは不可能であると考えられる現象が、超自然的な働きによって生ずること」(9)――、医師は、たしかに、アルレッティの治癒はいまの医学の常識では考えられないという。密航者の少年が、きびしい官憲の目をかいくぐって、母親のいるロンドンにむけた密出国に成功することは、たぶん常識ではありえないことかもしれない。しかし、この映画が語るできごとを追うにつれて、ひとびとは、願望の成就と病気の治癒を、ただたんに望むだけではなく、むしろおこりうるものと、しかも、神の摂理などによるのではなく、ひとびとのいとなみのなかでおこりうるものと、次第に感じるのではないだろうか。すくなくともカウリスマキは、そのように語っている。もう一度くりかえそう、奇跡といわれ、ありうべくもないとされるできごとは、神の摂理などによってではなく、ひとびとのいとなみのなかで、ひとそれぞれの摂理によって、生じるのではないだろうか。

ひとそれぞれの摂理

Persönliche Providenz. — Es giebt einen gewissen hohen Punct des Lebens : haben wir den erreicht, so sind wir mit all unserer Freiheit, und so sehr wir dem schönen Chaos des Daseins alle fürsorgende Vernunft und Güte abgestritten haben, noch einmal in der grössten Gefahr der geistigen Unfreiheit und haben unsere schwerste Probe abzulegen. Jetzt nämlich stellt sich erst der Gedanke an eine persönliche Providenz mit der eindringlichsten Gewalt vor uns hin und hat den besten Fürsprecher, den Augenschein, für sich, jezt wo wir mit Händen greifen, dass uns alle, alle Dinge, die uns treffen, fortwährend *zum Besten gereichen.* Das Leben jedes Tages und jeder Stunde scheint Nichts mehr zu wollen, als immer nur diesen Satz neu beweisen ; sei es was es sei, böses wie gutes Wetter, der Verlust eines Freundes, eine Krankheit, eine

Verleumdung, das Ausbleiben eines Briefes, die Verstauchung eines Fusses, ein Blick in einen Verkaufsladen, ein Gegenargument, das Aufschlagen eines Buches, ein Traum, ein Betrug : es erweist sich sofort oder sehr bald nachher als ein Ding, das “nicht fehlen durfte”, —es ist voll tiefen Sinnes und Nutzens gerade f ü r u n s ! Giebt es eine gefährlichere Verführung, den Göttern Epikur’s, jenen sorglosen Unbekannten, den Glauben zu kündigen und an irgend eine sorgenvolle und kleinliche Gottheit zu glauben, welche selbst jedes Härchen auf unserem Kopfe persönlich kennt und keinen Ekel in der erbärmlichsten Dienstleistung findet? Nun — ich meine trotzalledem! wir wollen die Götter in Ruhe lassen und die dienstfertigen Genien ebenfalls und uns mit der Annahme begnügen, dass unsere eigene practische und theoretische Geschicklichkeit im Auslegen und Zurechtlegen der Ereignisse jetzt auf ihrem Höhepunct gelangt sei. Wir wollen auch nicht zu hoch von dieser Fingerfertigkeit unserer Weisheit denken, wenn uns mitunter die wunderbare Harmonie allzusehr überrascht, welche beim Spiel auf unserem Instrumente entsteht : eine Harmonie, welch zu gut klingt, als dass wir es wagten, sie uns selber zuzurechnen. In der That, hier und da spielt Einer m i t u n s — der liebe Zufall : er fühlt uns gelegentlich die Hand, und die allerweiseste Providenz könnte keine schönere Musik erdenken, als dann dieser unserer thörichten Hand gelingt.[10]

【persönlich: ひとの——観念としての、類としての、あるいは制度としての人間ではなく、いま、まさに生きつつあるひとりびとりの、ひとそれぞれの。fürsorglich:「慮る、用心ぶかい」などから、「あれこれと慮る」としてみた。Göttern Epikur's:「エピクロスの神々」――「神々はたしかに存在してはいる、なぜなら、神々についての認識は、明瞭であるから。しかし、神々は、多くの人々が信じているようなものではない。というのは、多くの人々は、かれらが一方で神々についてもっている考え（神々が至福性と不死性とをもっているという考え）を他方では棄てている（至福性と不死性に不似合いで縁遠い属性をおしつける）からである。そこで、多くの人々が信じている神々を否認する人が不敬虔なのではなく、かえって、多くの人々のいだいている偏見を神々におしつける人が不敬虔なのである。というのは、多くの人々が神々について主張するところは、先取観念[11]ではなくて、偽りの想定であって、それによると、悪人には、最大の禍が、いや（犠牲を捧げたりなどすれば）最大の利益さえもが、神々からふりかかるというのだからである。けだし、神々は、つねにかれら固有の徳に親しんでいるので、かれら自身と類似した人々を受けいれ、そうでないものはみな、縁遠いものと考える（そして遠ざける）のである[12]」。エピクロス（Επικουρος, BC. 341/342-270/271）は、神々の存在は否定しない。なぜなら、神々は、ひとびとによって明瞭に認識されるのだから。このことはしかし、エピクロスが、人間を超越し、人間を支配するものとしての――信仰と献身の対象としての――普遍的、絶対的な神を肯定していることを意味はしない。神がかれら自身に似たひとびとを受けいれる、このことは、逆にいうなら、神を信じるひとは、自分に似た神を信じていることになるだろう――エピクロスの神々は、ひとそれぞれの神なのかもしれない。eine sorgenvolle und kleinliche Gottheit:「あれこれを気をつかう、小心の神々」――人間の創造主として、人間のすべてを熟知し、慈愛をそそぐ神々、おそらくその代表がキリスト教的な神なのだろう。für uns, mit uns: この場合の“uns (wir)”は、たんなる集合代名詞としてではなく、その集合を構成するひとりびとりの「わたくし」を指すと考えられる、ここでの「わたくしども」には、「わたくしどもひとりびとり」の意味が内在している。】

ひとそれぞれの摂理――生の高みとでもいうべきものがある。そこに達すると、たとえわたくしどもが、おのれみずからの自由をもっているとしても、また、たとえわたくしどもが、現存在のうつくしい混沌にたいしてあれこれと慮る理性や寛容といったものを否定するとしても、それでもなおわたくしどもは、精神的な不自由というおおきな危機のさなかで、わたくしどもにあたえられたきわめて困難な試練に耐えなければならないのだ。まさにそのときに、はじめて、ひとそれぞれの摂理という考えが、このうえない力強さでわたくしどもにたち現れ、わたくしどもにとってすべてのものが、わたくしどもが出会うすべてのものが、わたくしどもにとって最良のものとなることが、手にとるようにあきらかになったいま、それは検証という最良の弁護者となる。日々の、時々刻々の生は、このことをいつでも立証するということのほかは、なにものも望まないようにみえる。悪天や好天、友人との死別、病気、中傷、音信不通、足の捻挫、店の素見《ひやかし》、反証、本のページをめくること、夢、詐欺、なんでもかまわない。それらすべてが、即座に、あるいはまもなく、〝欠かすことのできない〟ものであることがあきらかになる――それは、まさしく、わたくしどもにとって、ふかい意味と効用に充ちたものなのだ！　エピクロスの神々、あのこだわりのない未知の神々への信仰をやめて、わたくしどもの頭の髪の毛一筋一筋をさえわがもののように知っており、些細な奉仕をもつゆ厭わない、あれこれを気をつかう、小心の神々を信じさせようとする、危険な誘惑があるのではないだろうか。だが――にもかかわらず、わたくしは思うのだ！　神々やおせっかいな精霊のことなど、気にもせず、さまざまなできごとの説明や解釈にかかわる、わたくしどもみずからの実際的で理論的な熟練が、いまやそのきわみに達したのだとすることで、満足しよう。そして、わたくしどもが楽器を演奏するときに生じるこのうえないハーモニーが、しばしばわたくしたくしどもをこよなく驚かすことがあったとしても、わたくしどもの指先のもつ能力を、あまりたかく思わないようにしよう。このハーモニーは、わたくしどもに帰するというべく、あまりにもうるわしくひびく。じつは、あるなにものかが――愛すべき偶然が、ときたまわたくしどもと一緒に演奏しているのだ。その偶然が、おりにふれて手を導いてくれる。そうすると、全知全能の摂理といえども、このときわたくしどもの愚かな手がなしうるよりも、さらにうつくしい音楽を奏でることは、けっしてできないはずだ。

（ニーチェ『よろこばしい知識』第四書、断片二七七）

「摂理」(Providenz)とは、もともと超越的な存在(キリスト教的な神)によってさだめられた世界の秩序であり、あるいは、あらゆるできごとの予見された連鎖(必然的な因果関係)なのだから、それを「ひとそれぞれの」と形容することは、世界の秩序やできごとの連鎖の根拠を、超越的な存在から、それぞれのひと(個人)に置きかえることであり、結局は世界の秩序とできごとの連鎖(因果関係)の否定にほかならないのではないだろうか。とすれば、生は、いま現に生きてあること(現存在)は、当然カオスにおちいらざるをえないはずだが、ニーチェはそれをうつくしいと言い、カオスにたいする心配性の理性や慈悲のはたらきかけを無用だという。このカオスのなかで、しかも慈悲ぶかく、全知全能だという神に頼ることなく——いやむしろその存在を否定して——、この困難のなかで生きるという試練を直視し、それにたちむかおうとするとき、日々の、時々刻々の生において生じるすべてのものをそれとして肯定することが、それらすべての根拠がそれぞれのひとにあるとみることが、不可欠になるのだろうが、そのことは、結局は、神(超越者)に由来するすべての価値の絶対的な転換を意味するのではないだろうか。おそらくそれこそが「神の摂理」から「ひとそれぞれの摂理」への転換なのであり、「日々の、時々刻々の生」の、つまりはひとびとにとっての「日常の生」の絶対的な肯定なのだろう。定められ、予見されるできごとなどなく、すべては「偶然」にほかならないのだし、その「偶然」こそが、わたくしどもひとりびとりにたいして(für uns)、最良の、神ですら実現しえなかったものをもたらす。

ニーチェのいう「あらゆる価値の価値転換[13]」(eine Umwerthung aller Werthe) とは、ある価値体系をべつの価値体系に転換することを意味するのではなく、ありとあらゆる既存の価値体系の転換を図ることだろう。そして、価値体系とは、いかなるものであれ、なんらかの超越的な存在を頂点とする、価値序列でもあるはずだ。だから、そのすべての転換をくわだてることは、結局はいかなる超越的な存在をも否定することにほかならないだろうし、ありとあらゆる超越的存在が否定されたあとに残るのは、結局は、日常の、日々時々刻々の生活だけではないだろうか――『トリノの馬』が描いたのは、あらゆる価値が否定されたあとに残った(それ以外のいかなる根拠ももたない)日常の自壊する過程にほかならず、それはまたニーチェ自身の自壊する過程だったのかもしれない――。

いずれにしても、「あらゆる価値の価値転換」とは、日常の絶対的な肯定にほかならないのだろう。引用した断片にいう「悪天や好天、友人との死別、病気、中傷、音信不通、足の捻挫、店の素見、反証、本のページをめくること、夢、詐欺」は、まさに日常茶飯事であり、既存の価値体系のなかでは、そのものとしてはいかなる価値ももたないというべきだろう。そのすべてが、「わたくしどもひとりびとりにとって」欠かすことのできないものとなり、「ふかい意味と効用に充ちたもの」となることこそが、日常世界の特質なのではないだろうか。そして、そこでは、すべてのできごとは、ただひとりびとりの摂理によって生じる、その意味ではまったく予見不可能なものであり、つまりは「偶然」にほかならないだろう。そして、「全知全能の摂理といえど」実現することができないうつくしいハーモニーを奏でるのは、「わたくしどもの愚かな手」をみちびく「偶然」にほかならない。

「わたくしどもの愚かな手」――とるにたらない存在の行為が、「偶然」にみちびかれるとき、神でさえも実現できないような、このうえなくうつくしい結実をもたらす。マルセルの一連の行為は、ある意味では「ゆきあたりばったりの」(par hasard) ものといえるだろう。イドリッサをかくまい、その祖父を難民収容所に訪ね、慈善コンサートを企画し、密航の手段をさがす――これらの行為のもたらすものを、かれはもちろん予知していたのではない。おそらくはかれ自身の摂理にだけしたがい、他人の迷惑などおそらくは考えもせず、ひたすらに行動する。あるいは、モネ警視にとっても、イドリッサが身をかくしている漁船のうえでの行為は、かれ自身思いもしなかったものだったかもしれない。なぜかも知らず、予想だにしなかったいくつもの行為の、たまさかの――偶然の――出会いがもたらしたもの、それがあの「奇跡」だったのではないだろうか。そして、アルレッティにとって、その病気の快癒は、医者にとってそうであったように、たしかに予想だにしなかったものだったのだろう。あの「奇跡」は、かの女自身の摂理にもとづいて、ひたすら自分とマルセルの生活のためについやした、その日々時々刻々がもたらしたものかもしれない。マルセルの奇跡が、漁船のうえで前方を見つめるイドリッサのすがたで代表（表象）されるとすれば、アルレッティの奇跡を代表（表象）するのは、あの最後の桜のショットであり、「食事の支度をしますね」ということばではないだろうか。

『ル・アーヴル』の幸せにみちた、たしかにメールヒェンを思わせる世界は、あきらかに、神――超越的な権力――の絶対的に不在な世界である。そこには、おそらく、制度的な権力さえも存在しない。マルセルは簡単に官憲の網をくぐり抜けて収容所にはいりこみ――許可を渋る官憲を、マルセルはでまかせのことばで、簡単に説得してしまう――、市長も、警察も、武装警官隊も、そしてモネでさえも、その権力を行使することができずにいる。権力という、ひとびとにとって超越的なものがいっさい不在の世界、それはまた徹底して日常的な世界にほかならない。そして、この日常こそが、マルセルやその他のひとびとが現にそこで生きている世界――現存在の世界（die Welt des Daseins）――なのだから、『ル・アーヴル』の世界ないしできごとをメールヒェン的だというのは、あやまりというべきではないだろうか。もっとも、『ル・アーヴル』そのものをメールヒェン的ということには、いくぶんの根拠があるのかもしれない。いまわたくしどもが現に生きている世界（現実）は、多種多様な権力の制約下にあり、また権力の発する膨大な情報の編み目におおわれており、偶然が支配する純粋な日常ではありえず、その意味では『ル・アーヴル』の日常は、たしかに非現実的とみることができるからだ。くりかえせば、『ル・アーヴル』のできごとは、あのひとびとの日常からはなれることはまったくなく、したがってメールヒェン的ではないが、しかしそのできごとはまた、わたくしどもの日常ではけっしてありえないものでもある。あのひとびとにとっての現実と、わたくしどもにとっての現実のあいだには、たしかに否定しがたい差異があるのだし、その差異の狭間で、メールヒェン的という語は浮動しているのかもしれない。

カウリスマキは、この映画で、たしかに（かれにとって）非現実的なできごとを語っているのだが、そのかれが語りのモデルにしたのは、メールヒェンなどではなく、むしろ一九三〇年代の、ある種のフランス映画、ロジャー・マンヴェル（Roger Manvell, 1909-1987）が「詩的リアリズム派」ということばで特徴づけたフランス映画ではなかっただろうか。(14) ひとびとの暮し、港の情景、下町の生活、カフェそしてアコーデオンの音楽など、共通するものはたしかにすくなくないし、その一例として、マルセル・カルネの『霧の波止場』（*Le Quais des brumes*, 1938）などをあげることができるが、このことについては、ここではふれない。

おわりに

ここまで、「日常」とはあらゆる価値が価値転換された世界ではないのか、そう考えてきた。しかし、逆にいえば、このことは、既存のおおくの――むしろほぼすべての――価値体系（価値序列）において、日常が無価値なものと考えられていたことを意味するのではないだろうか。たとえばプラトン（Πλάτων, BC.427-347）にとっては、日常の世界から出て、あらゆる価値の根源であるイデアにちかづくことこそが、人間のくわだてるべきことであったし、それは、近代にいたっても、基本的にはかかわることがなかったといえるだろう。なぜなら、この時代の価値原理は、人間に内在し、あるいは人間に固有のものととらえられた「理念」(l'idée)――「人間的理念」(l'idée humaine)――だと考えられるのだが、日常はその顕現ないし発揚をさまたげるものとされていたからである。

「美」もまた、たとえばヘーゲル(G.W.F. Hegel, 1770-1831)の「理念の感覚にたいするあらわれ」(das sinnliche Scheinen der Idee)ということばがしめすように、あくまでも理念的なものによる感覚的なものの統御にその根本が求められており[15]、したがってその発現の場である「芸術」の領域から、日常的なもの――理念性を欠如した感覚的なものそのもの――は、周到に排除されなければならなかった。美(美的価値)の創出も、たとえば、自然的ないし無意識的な契機を内包した、きわめて特別な能力――天才――にのみ可能なこととされ、日常とはまったくべつの次元にあるものと考えられていた。そして、真理(認識的価値)の探求の場としての学問の世界は、俗塵――日常的なもの――をいっさい遮断し、それとしての自律をなによりも重んずべきとされていた――だから「象牙の塔」は、かならずしもたんなる譬喩ではなく、むしろ学問の理想のありかただったというべきかもしれない。

ところで、価値の根拠が、近代という時代に、形而上的なレヴェルから人間的なレヴェルに移行したとするなら、近代以降の時代においては、その根拠はどこにあるのだろう。かりに「すべての価値の価値転換」がはたされた世界を想定するなら、それは、ニーチェにならっていうなら、すべてが「わたくしどもひとりびとりのため」(für uns)にある世界であり、個を超越したいかなる価値的な枠組も存在しない世界であって、むしろ絶対のカオスというべきものではないだろうか。しかしひとは、当然のことながら、絶対のカオスにおいては生きてゆけないのだから、なんらかの枠組が、形而上的でも、人間的でもない枠組がなければならないはずだが、おそらくそれが制度（という枠組）なのではないだろうか。もちろん人間が、本質的に、個別的な存在であると同時に類的な存在である以上、なんらかの制度はつねに――原始の時代から現代にいたるまで――存在していたというべきだが、それが、世界全体の価値的な枠組になるのは、おそらく近代以降の時代においてだろう。

制度、それはたしかにそれぞれのひとのいとなみの集合的な堆積でありながら、しかしひとりびとりにたいしては制約として作用するのだから、その意味ではそれぞれのレヴェルを超えたものというべきだろう。したがって制度が「ひとそれぞれの摂理」による生――いうならば本来の日常――を覆いかくし、あるいは疎外することは、否めないのではないだろうか。形而上的、人間的そして制度的、いずれの枠組においても貶められているもの、それが日常なのかもしれない。そのような日常を、既存の価値的な枠組から解き放し、その復権をはかること、それはたしかに矛盾した、背理的なことでしかないだろうし、とうてい実現しえないことかもしれないが、しかしそれが可能な唯一の場として、「想像の世界」（le monde imaginaire）を想定することはできないだろうか。

プラトンにとって、美を、「ムーシケー」[16]（μουσική）を愛することは、人間の魂が、囚われの場としての感覚的世界――価値的な原理（イデア）からもっとも遠ざかったレヴェルにあるという点では、日常の世界といえるだろう――を出て（否定して）、原理的（イデア的）なものにちかづくことを意味していた。近代において、美の技術（die schöne Kunst）としての芸術は、その領域から一切の日常的なものを排除することによって、それとしての自律を成就した。古代においては、そして近代においても、芸術という価値（文化）領域において、日常はもっとも貶められていたとはいえないだろうか。

おなじようなことは、美と芸術の学問である「美学」についてもいえるのかもしれない――すくなくとも日常がそこで主要な問題としてとりあげられることは、きわめて稀だった。それでは、美や芸術の、そして美学の領域において、日常の復権をはかることは、たんなる自損行為にすぎないのだろうか。そうではなく、むしろ「あらゆる価値の価値転換」のこころみとして、なんらかの意義をもつのだろうか。

しかしこのような問いには、たしかな答えはおそらくないだろう。ただ、アキ・カウリスマキの『ル・アーヴル』が、制度的なものも含め、既存の価値の枠組から日常を解きはなしたとき、それが、おそらくは偶然がもたらしただろう奇跡ともいうべき光芒をはなったことは、否定しがたいことのように感じられる。

ところで、この項で述べてきたような問題は、本来、より詳細に、より周到に論じられるべきことはいうまでもないが、『ル・アーヴル』という映画——それが呈示する想像的な世界——をともかくも論じてきたこのテクストを閉じるための「あとがき」として、このようなかたちであえて書きくわえた。

語る欲望

断章（Ⅲ）——ある物語作家の動機《モティーフ》（1）による

はじめに

宮部みゆき（一九六〇―）が、いまもっとも人気のある――もっともよく読まれている――作家のひとりであることに、おそらく異論はないだろう。一九八七年に『我らが隣人の犯罪』（「オール讀物」十二月号、のち同名の単行本に収録）でデビューしてからいまにいたるまで、刊行された著作の数は――作家自身の公式ホームページ[1]などによって概算すれば――、長篇や短編集などにかぎっても、おおよそ七十点あまりにのぼり、しかもそのなかには『模倣犯（上、下）』（小学館、二〇〇一年、四六版、二段組、七二六、七〇六頁）や『ソロモンの偽証（Ⅰ、Ⅱ、Ⅲ）』（新潮社、二〇一二年、四六版、七四六、

七一八、七二六頁）などのような、規模のおおきな長篇がふくまれている。[2] その著作はまた、ミステリー、ファンタジー、ホラー、サイエンス・フィクション、捕物帳をはじめとするさまざまな時代小説など、きわめて多様なジャンルにわたっているが、そのほぼすべてが、いろいろな媒体――単行本、文庫本、新聞、雑誌、週刊誌あるいは映画やテレビなど――をとおしてひろく流布し、おおくのひとびとを悦ばせていることも、忘れてはならないだろう。

愛読者というにはほどとおいものの、ながいあいだその小説（物語）に親しんでいるうちに、宮部みゆきという作家の、見方によってはおどろくべきとさえいえるような多産な（豊穣な）活動は、いったいなにに由来しているのかという疑問が、すこしずつ芽生えてきた。おなじように多様なジャンルにわたって、数おおくの著作を発表している作家は、けっしてすくなくないはずだが、なぜ宮部みゆきの場合にかぎってこのような疑問が生まれてきたのだろうか……、ある意味ではこの問いに答えることが、このテクストのきっかけになったともいえるのだが、問いそのものがたしかな根拠を欠いた、きわめて恣意的なものにすぎず、所詮は気ままな自問自答にとどまり、これといった結論に到達することなくおわるかもしれない。

ところでうえで述べた疑問は、宮部みゆきはなぜ書く（物語る）のか、という問題に通じるとも考えられが、著作の意図あるいは動機を問うことそのものが、いまの理論的な状況においてなにほどの意義をもつのか疑問だし、またあえて問うたとしても、たんなる憶測におわる可能性はけっしてすくなくないのだが、宮部みゆき自身がこのことにかかわるような発言をしているので、とりえずそれを引用することからはじめてみよう。

［なおこのテクストでは、「物語」を、聴覚的なもの（ことば）によるか、視覚的なもの（文字）によるかにはかかわりなく、なんらかの「ものごと」の「叙述（語り）」（la narration）ととらえるので、「語る」と「書く」――「聞く」と「読む」――の差異にはこだわらずに記述をすすめる。］

作者のふたつの類型

自己表現とか自己実現とか、そういう願望を満たしながらなおかつ作家になる人というのは天才なんだと思うんですよね。突き詰めてみれば仕事は全部自己表現のうちなんでしょうけれども、私はそういうことを考えたりせずに、ただ書いて、ただ読んでほしかった。(3)

このことばは、解釈のしかたによっては、作家（作者）に関するふたつの、あえていえば対立的な類型《タイプ》について述べたものととらえることができるのではないだろうか。もっとも、作者の類型的な分類など、現在の理論的な観点からすれば、さほど意味のあることではないかもしれないが、ここでは宮部みゆき自身の発言にしたがいながら、思いつくままに問題を展開してみたい。

引用文の前半部分からは、「自己表現」ないし「自己実現」によって特徴づけられる類型を読みとることができるが、ここで注目すべきは、「なおかつ作家になる人」ということばではないだろうか。この場合の「作家」が具体的になにを意味するのか、宮部そのひとはこのことについてなにも語ってはいないが、べつに述べていることから類推すれば、自己表現ないし自己実現が、ただたんに「個人的（主観的）」な枠組にとどまることなく、なんらかの程度で「普遍的（客観的）」であることを――具体的にいえば、一定数の、というよりむしろ不特定多数の読者をもつことを――、このことばによって意味しようとしているのではないだろうか。もっとも、宮部が「天才」という語でほのめかしているように、このふたつの条件を同時に満たすことは、きわめて困難な、またまれなことと考えられているのだろう。すくなくともこのインタービューに関するかぎり、宮部はその具体的な例をあげてはいないが、「自己表現」や「自己実現」あるいは「天才」という語から類推すれば、近代的な意味での「作者」(l'auteur)――「文学」という自律した芸術領域（芸術体系）のなかにある作家――を、あるいは「古典」としての評価を確立した作品の著者などを想定することができるかもしれない。しかしここでは、領域性（自律性）や古典性（価値の普遍性）といった規準は括弧にいれて、宮部とおなじようにきわめておおくの読者をもつだけではなく、

私は典型的なファンライターで、自分が読んで好きな物を書きたい〔……〕藤沢周平さんや松本

清張さんも好きでしたから(4)……

という発言が暗に示しているように、おそらくは宮部自身にとってごく身近な——おそらくは私淑している——存在であろう藤沢周平（一九二七—一九九七年）という作家を、ひとつの例としてあげてみたい。

とりあえず藤沢自身のことばを聞くことからはじめてみよう——ある時期、藤沢にとって「書くこと（語ること）」は、「三十代から四十代にかけての男性のかなりしつこい鬱屈を解消するための作業」にほかならなかったという。

鬱屈といっても、仕事や世の中に対する不満といったものではなく、まったく私的な中身のものだった〔……〕自分の問題は自分で処理すべきだと思っていた〔……〕そういう気持ちのありようは、べつに小説に結びつくとは限らないわけだが、私の場合は、小説を書くという作業につながった。『溟い海』は、そんなぐあいで出き上がった小説である。(5)

「まったく私的な中身のもの」といわれている「鬱屈」とは、おそらくはその当時の藤沢の生そのものに起因する、こころのありかたないしうごきであり、あるいは「生の気分」(die Lebensstimmung)とでもいうべきものと思われるが、そのことの自覚と超克のくわだて——いわば自己省察ないし自己探求とでもいうべきもの——が、この場合の「書く」ことの起源にほかならないのだろう。引用したのは、最初期の短編に関する発言だが、しかしこの「書くという作業」の特質は、そのあとも消えることなくたもたれつづけたと考えられ、そのことが藤沢の小説全体にある特別な雰囲気を——あるいは「気分」を——あたえていることは、おそらくたしかだろう。

『溟い海』(一九七一年)を書くことによって鬱屈から解放された藤沢は、

鬱屈だけではなく、救済された自分もうたうべきだった。それが自分と読者に対して正直であり得る唯一の方法だった。[6]

という。「救済された自分をうたうこと」、ここでも「書くという作業」は、かれ自身の生あるいは自己省察とたしかに結びついているというべきだろう。藤沢の読者は、ただ単に小説に描かれた人物やできごとを読みとるだけではなく、そのむこうがわ(奥)に、この作家に特有の、その生をつらぬく心性——「生の気分」——を直感し、それと共感する(響きあう)(ein-stimmen)のではないだろうか。そして、おそらくはそれゆえに、読者は、かれの小説になにほどかの「奥行」ないし「ふかさ」を、べつにいえばなんらかの「文学性」を——あるいはむしろ「文学的な味わい」を——感じとるのではないだろうか。そして、このことは、おそらく藤沢周平にかぎられるものではないだろう。自己省察が、ある意味では自己の生の探求が、書く（物語る）ことの起源であるような作家は、時代や地域の差をこえて、おおく存在するだろうし、あるいはそのことによって作家のひとつの類型を想定することも、たしかに可能かもしれない。

［なおここでいう「奥行」ないし「ふかさ」については、たとえばリップス（Theodor Lipps, 1851-1914）の「美的ふかさ」（die ästhetische Tiefe）——芸術の受容者が、作品の表層にとどまることなく、その深奥にまではいりこんで「人間的に価値あるもの」（das menschlich Werthafte）と出会い、それにたいして自分自身の人格を移入すること（感情移入[7]［die Einführung］）——に関する見解などを参照しながら、論議をさらに展開することができるかもしれない。たとえば、ここでいわれている作品の「表層」とは、人物とその行動（できごと）、さらにはそれをとおして表現される人物の生の総体あるいは運命、そしてその個性（人格性）などであり、その深奥にあると想定されているのは、上述のような「表層」の形成をとおしておのずから表出される、作者そのひとの「生の気分」あるいは「個人的理念」さらには「普遍的・人間的理念」などであり、そして最終的にはなんらかの「超越的理念」でさえあるのかもしれない。］

　なおつけくわえれば、一般的にいって「奥行」ないし「ふかさ」は、ときに「見通しのわるさ」や

「くらさ」などに通じるだろうが、この場合にも（主観的に）表出される「理念的なもの」のもつ「ふかさ」は、（客観的に）呈示される「できごと」（表層）の受容にたいして、ときに否定的に作用することがあるかもしれない。たとえば性急な、あるいは拙劣な——表層の十分な形成をともなうことのない——「自己表現」や「自己実現」のくわだては、「できごと」の直感的な把握をさまたげ、作品にわかりにくさ（受容の困難）をもたらすのではないだろうか。「できごと」の明確な（客観的な）呈示と、自己実現による「ふかさ」の（主観的な）実現を両立させること——表層から深奥にいたるまでの「見通しのよさ」の実現——は、じつはきわめて困難な、むしろまれなことであり、たしかに「天才」にのみ可能なことなのかもしれない。

つぎに、引用文の後半部が暗示的に述べているのは、「自己表現」や「自己実現」とは無縁の類型であり、宮部自身がべつに語っているところによれば、「エンターテインメント（娯楽）小説」の作家あるいは「職業作家」ということになるだろう。しかし、ある意味ではそれを規定すると考えられている「ただ書いて、ただ読んでほしい」という願望は、「書く」動機としては漠然としすぎるような気がするが、そのことについて直接述べた宮部のことばがあるかどうか、いまのところわからない。ただこの作家は、ある対談のなかで、「なぜ書くにいたった」のかについて、かなり具体的に語っているので、ここではその発言を要約しながら引用し、それを手がかりに検討をすすめたい——なおつけくわえれば、宮部みゆきは、きわめておおくの対談ないしインタービューをおこなっており、[8] そのなかで、しばしば、なんの衒いもなく、自分自身について、自分の仕事について語っているが、その発言は、その率直さゆえに、十分に聞くにあたいするのではないだろうか――。

作家としてデビューする以前に、宮部みゆきは、ある法律事務所で、速記者として働いていたという。それが他者の「語ること」を「聞き」そして「書く」ことにかかわる職業であったこと、そして宮部自身が「あ、この仕事いいな」と――いいかえれば、自分にふさわしいと――感じていたことは、[9] 後述のこととの関連で、きわめて興味ぶかい。また、大の「映画好き」だったという母親が、自身の「物語好き」を育んでくれたという発言は、見かたによっては宮部の「物語」の根本にふれるものとして、重視すべきもののように思われる。宮部はまた、速記者としての仕事をしながら、「講談社フェーマススクールズ」のなかにあった「小説教室」に通ったと語っているが、[10]「小説教室」に通った動機としてべつの対談で述べているつぎのようなことばも、ここでの問題との関係からみて、注目すべきだろう。

ミステリが好きで読んでいると、ちょっと書いてみたくなるじゃないですか。書いて誰かに絶対読んでもらいたくなるんですよね。「この犯人、意外だった?」って聞いてみたくなる。ミステリって、一人で満足しててもしょうがないものでしょう。[11]

なぜ書くのか

ミステリーを読んだことが書くという願望を生み出したというのだが、これは、おそらく、ミステリーにかぎられることではないだろう。宮部はさらに語る――母親が語り聞かせてくれた映画、それに触発されて自分がみたあれこれの、たとえばヒチコックの『鳥』(*The Birds*, 1963) などの映画、そして国内外のさまざまなミステリー小説、あるいはスティーブン・キング (Stephen Edwin King, 1947-) のホラー小説など、一言でいえば、多種多様な、他者によって書かれた(語られた)「物語」との出会いが、自分で書く(語る)という願望を生みだし、そこからさらに書いた(語った)ものを他者に読んで(聞いて)もらいたいという願望が生まれ、そのような願望のおもむくままに、ひたすらに「書く(語る)」……。

このような宮部自身の発言は、書くことが「自己省察」に起因するという、藤沢周平のようなタイプの作家とはべつの、むしろそれと対立するタイプの作家を、たしかにしめしているのではないだろうか。そして「ただ書いて、ただ読んでほしい」という願望は、「書く」ことと「読んでもらう」ことが自分にかなっているという――自分に悦び(快楽)をもたらすという――認識にたしかに通じるのではないだろうか。

仕事ですよね。好きなことだけど仕事、好きなことが仕事にできるのはすごく幸せだと思います。私、職業作家でありたいし、そうであろうとずうっと思ってきましたから。[12]

ここでいわれている「職業作家」――宮部の発言を敷衍すれば、みずからと読者の快楽のためにのみ書く作家――の作品は、当然のこととして、作家自身の「生」との、あるいは「自己実現」のくわだてとの直接的なかかわりをもたないことになるだろうし、読者も、だから「語られたこと（物語）」のむこうあるいはその奥に、なんらかの「生の気分」を見出し、それと共鳴する――それに感情移入する――のではたぶんないのだろう。読者は、おそらく先述したような作家の願望に対応して、「ただ読んで」そして「快楽を感じる」――読者自身の願望を満足させる――のではないだろうか。そしてこのことは、宮部の小説が、さきに述べたような意味での「奥行」ないし「ふかさ」を欠いていること、そしてその代償として「見通しのよさ」――呈示されるできごとの「わかりやすさ」――を獲得していることを意味するのかもしれない。

ある意味では宮部自身によって規定された、作家のふたつの――対立する――類型に対応する、読者のふたつの――おなじく対立する――類型を想定することができるかもしれない。さらにいうならば、これらふたつの類型的な対立に対応して、「純文学」と「エンターテインメント文学」というジャンル的（領域的）な対立を想定することも、それがなんらかの意義をもつかどうかはべつにして、たしかに可能だろう。いずれにしても、宮部みゆきがみずからを「エンターテインメント」の領域にある「職業作家（プロ）」とみなしていることは、ここまで引用したいくつかの発言から、あきらかではないだろうか。そして「プロ」であることの条件を、すくなくともそのひとつを、仕事――「語ること」ないし「書くこと」――の「持続性」とみなしていることは、「どんな仕事でも十年やらなきゃ一人前じゃない」という自身の父親のことばを引いていることからもあきらかだし、一方「エンターテインメント」については、その世界が「ある時期ものすごい売れ方をして、ワッと騒がれても、いつの間にか消えちゃう」ような「賞味期限」の短い、きわめて変動的なものであると述べている[13]。変動してやまない読者の願望にたえず対応しながら、しかも長期にわたって仕事を持続すること、それが宮部という作家（プロフェッショナル）の覚悟なのではないだろうか。

継続的な仕事、多数の読者、そして変動してやまない読者の要請につねに応えること――読者に満足をあたえつづけること――、この作家にとっての「エンターテインメント」は、このような条件をみたすべきものとして自覚されているにちがいない。

正直言ってね、いまもまだわからない。先が見えないでしょう。どんどん世の中が変わってきているから、昔の小説家のあり方とかがお手本にならないじゃないですか。どんどん「賞味期限」が

短くなっていますしね。(14)

昔の――第一の類型の、あえていうなら近代という時代に特有の――小説家にたいする訣別と、「エンターテインメント作家」としての自律の宣言を、このことばから聴きとることはできないだろうか。

ここまでに述べたことをもとに、さらに類推を――むしろ憶測を――かさねるなら、読者としての宮部もまた、ヒチコックやキングらの語る「物語」をひたすらに聞き、そして「快楽」を見出していたのではなかっただろうか。宮部の「書く（語る）」願望は、あきらかに他者に起源をもつ「物語」に接することによって生まれたというべきだろう。そして、ヒチコックもキングも、大づかみにいうなら、自己の「生の気分」の表出を主とする類いの作家ではなく、ひたすらに書き、読まれることを望む作家――宮部のいう「職業作家」あるいは「エンターテインメント作家」――に類別されるのではないだろうか。おおくの作家がそれぞれの願望にかられて語ったもの（物語）にふれることによって生じた、宮部自身の「書く」願望、このことは、願望の錯綜する連鎖あるいはやむことのない戯れを暗示してはいないだろうか。

「ただ書いて、ただ読んでほしい」――ふたつの「快楽」が、「書く快楽」と「読まれる快楽」があるのだろう。しかしこのふたつの「快楽」のあいだには、ふかい断層がある。なぜなら、「書く快楽」の主体が作家そのひとであるのにたいして、「読まれる快楽」は、作家とはことなった主体——あえていうなら、他者としての読者——の存在を必須の前提とするのだから。「書く快楽」を感じながら書くことは、主体＝作家にたいして「読まれる快楽」をいささかも保障するものではない。作家にとって、「読まれる快楽」をもたらす他者＝読者は、「いま、ここ」にはたしかに不在であるにしても、しかし「よそ」——「いつか、どこか」——にはたしかに現前すると信憑されるのだろう。他者＝読者は、この意味で、たしかに想像的な存在というべきだろう。「書く快楽」——書くという願望の充足——は、自分の書いたものを楽しんで読んでくれるだろう、いまは不在の（想像的な）読者の願望の充足と、わかちがたくかさなりあっているのではないだろうか。快楽をおぼえてくれるだろう読者を求めて、快楽をもって書くこと……。

「ただ書いて、ただ読んでほしい」（「ただ語って、ただ聞いてほしい」）——通常ひとは、なんらかの目的のために、おそらくは欠如したなにかを充たすために、あるいは自分の欠如を他者に告げる——認めてもらう——ために語るのではないだろうか。だからその目的がかなえられたとき——欲求ないし要請が充たされたとき——、「語る」ことは終熄するだろう。しかし宮部みゆきの「書く（語る）」ことは、その作家としてのデビューいらい、いまにいたるまで、とだえることなく——むしろ加速度的ともいえるほどに——進行しているのだから、その起源としてなんらかの欲求ないし要請を想定することは、あやまりというべきではないだろうか。くりかえせば、この作家の場合、「語ること」は、欠如したなにかを充足するために「語ること」、べつにいうなら、明確な目的をもって「語ること」とは、あきらかに異質のものなのだろう。なにかを「語った」ことによって、「語る」ことが終熄するのではなく、それはさらなる「語り」へとつながってゆき……、こうして「語り」から「語り」へという連鎖は、絶えることなく、ひたすらにつらなりつづけるにちがいない。このような連鎖の起源は、だからその実現ないし充足とともに終熄する欲求あるいは要請ではありえず、まったくべつのものでなければならないだろう。

［なおこのことと、フィードラー（Konrad Fiedler, 1841-1895）のいう「純粋視」（Reines Sehen）を関連させて、問題をまたべつの観点からとらえることができるかもしれない。「純粋視」――他のなにものかのための手段ではなく、それとして自律した「みる」こと――とはまた、熄むことなく「みつづける」ことでもあり、「みられたもの（視覚的表象）」は、そこでは、ひたすらにゆたかさをましつづけ、主観内におさまりきれずに、やがてみずからを外化する（表現する）にいたるとされる。[15] そのような「純粋視」にならって、「純粋な読むこと」（Reines Lesen）あるいは「純粋な語ること」（Reines Reden）を想定することも、たしかに可能だろうが、それについてのたちいった論議は、またべつにおこなうべきだろう。］

＊

ロラン・バルト（Roland Barthes, 1915-1980）の『テクストの快楽』（*Le plaisir du texte*, 1973）のなかに、つぎのような断片がある。

Si je lis avec plaisir cette phrase, cette histoire ou ce mot, c'est qu'ils ont été écrits dans le plaisir (ce plaisir n'est pas en contradiction avec les plaintes de l'écrivain). Mais le contraire? Écrire dans le plaisir m'assure-t-il—moi, écrivain—du plaisir de mon lecteur? Nullement. Ce lecteur, il faut que je le cherche (que je le《drague》), *sans savoir où il est*. Un espace de la jouissance est alors créé. Ce n'est pas la《personne》de l'autre qui m'est nécessaire, c'est l'espace: la possibilité d'une dialectique du désir, d'une *imprévision* de la jouissance: que les jeux ne soient pas faits, qu'il y ait un jeu.(16)

【"écrivain"：ラテン語の動詞"scribere"（書く）に由来する"scriba"（書くひと、書記、筆写者）を語源とすることばで、いろいろな訳語が考えられるが、ここでは、近代的な、そしてバルトが特別の意味をこめてもちいている「作者」（l'auteur）から区別するために、そしてせまい意味での——

近代的（領域的）な芸術のひとつとしての——文学の領域にかぎらず、およそテクストを書くひとという意味をとって、「著者」という語をあてておく。"draguer"：「網で漁をする」「根こそぎとる」などを意味するが、"chercher à racoler (jeune fille)"「(わかい女性）を誘惑しようとする」などの意味もあり、「網にかける」あるいは、いまはほぼ死語と化しているかもしれないが、「(ガール）ハントする」などと訳すことも考えられるだろう。"jouissance"：「享楽」にはひたすらなる快楽の享受という意味があり、さらにそれゆえの忘我（没我）という意味を内包していると考え、この語をえらんだ。[17] なお"plaisir"にたいしては「快楽」という語をあてておく。"les jeux ne soient pas faits"："les jeux sont faits"——ルーレットなどで、「賭けはおわった」（これ以上賭けることはできない）と告げることば——の否定形、「まだ賭けはおわっていない」「まだ賭けられる」など。】

わたくしがこの文、この物語あるいはこのことばを楽しんで〔快楽とともに〕読むのは、それらが楽しんで〔快楽のさなかで〕書かれているからだ（この快楽は、著者の呻吟と矛盾はしない）。しかしその反対はどうだろう。楽しんで書くことは、わたくしの読者の快楽を、わたくしに——わたくし、著者に——保証してくれるのだろうか。まったくしてくれない。このような読者は、わたくしがさがす（わたくしが《網にかける》）べきなのだ、どこにいるのかもわからないのに。享楽の空間が、そのとき作りだされる。わたくしに必要なのは、他者の《人格》なのではなく、空間なのだ。欲望の弁証法の可能性であり、享楽の予見しがたさの可能性なのだ。賭けはおわってはいない、まだ賭けられるはずだ。

「書く快楽」と「読む快楽」というふたつの「快楽」の相互的な関係について述べたこの断片と、ここでの問題――宮部みゆきの「書くこと」――のあいだに、なんらかの――あえていえば密接な――関係を想定することは、おそらく可能だろう。というより、この断片をとおしてみることによって、なお曖昧な状態にとどまっている問題が、いくぶんか明快なすがたであらわれでることが期待できるのではないだろうか。以下では、この断片をごく簡単に、あくまでもこのような目論見にしたがって――ときにバルト本来の脈絡からそれることも辞さずに――、ごく気ままに読んでみよう。

　ある文、ある物語あるいはあることば――いいかえれば、なんらかの「書かれたもの」(l'écriture)――が読者に快楽をもたらしてくれるのは、それらが「楽しんで［快楽とともに］」書かれたからにほかならない、そうバルトはいうのだが、逆にいえば、読書の快楽にとっては、読まれるものが、快楽のなかで書かれることが欠かせない条件なのだろう。しかしそれは、かならずしも十分な条件ではない。なぜなら、読書にとっては、このようにして「書かれたもの」とともに、それを「楽しんで」読んでくれる読者がいなければならないのだから。ところでバルトは、「書くこと」の快楽は、著者の呻吟（書く苦しみ）と矛盾しないという。つまり「楽しんで」書くことは、苦しむことなく（楽に）書くこととはちがうというのだろう。この「快楽」は、だから「書く」という過程ないし行為そのもののなかにあるのではなく、自分のテクストを「楽しんで」読んでくれるだろう読者を探しもとめながら書くこと、あるいは、自分のテクストを読む読者があじわうだろう「快楽」を、自分自身の「快楽」として感じとりながら書くことにあるのだろう。

しかしこのような読者は、そのものとして――書き手とはかかわりなく――存在するのではない。「このような読者は、わたくしがさがす《わたくしが網にかける》べきなのだ、どこにいるのかもわからないのに」――どのようなひとなのかも、どこにいるのかもわからない読者との、たまさかの（ゆきずりの）出逢いをもとめてさまよわなければならない。このように、さまよいながら、出逢いをもとめながら書くこと、それが「楽しんで」書くことであり、そのようなさまよいこそが「享楽の空間」を作りあげるというのだろうか。もしそうだとすれば、著者と読者が、「書く」と「読む」というちがいはあるにしても、テクストの「快楽」を共有することこそがここでいう「享楽」なのかもしれない。

享楽をささえる（可能にする）そのような空間。この空間は、著者と読者がそれぞれに固有の場（トポス）に執着するかぎり、あらわれでることはないのだから、ここで想定されているのは、著者と読者のいずれもが、それぞれの場からでてゆくこと（そのそとに身をおくこと）、つまり「エクスタジー」(ecstasy, ἔκστασις) ではないだろうか。(「エクスタジー」――"ecstasy", "ἔκστασις"[18]: "ἐκ"=from, out of, outside of etc. "στάσις"=a standing, the posture of standing, a position, posture, post, station etc.「あるもののそとに身をおくこと」「あるものから出ること」「よそにおもむくこと」あるいは「我を忘れること」……「忘我」「恍惚」あるいは「享楽」など。）「享楽」とは、だから書くことと読むことの「快楽」が、著者と読者のたまさかの出会いによって合体し、昂《たかま》ったものであり、二者をそれぞれに固有の場のそと（よそ）にもたらすこと（エクスタジー）なのかもしれない。

探しもとめるのは、そうとすれば、特定の人格をもった存在（個人＝読者）なのではなく、たまさかの出会いを可能にする、このような空間にほかならないのだろう――「網にかける」「ハントする」とは、もともと特定の人物をもとめる行為ではないはずだから。ところでこの空間は、「欲望の弁証法の可能性、享楽の予見しがたさの可能性」と言いなおされる。「欲望の弁証法」が、ヘーゲルに由来するラカンの用語であることはあきらかだが、この語そのものについて、このような脈絡のなかで、しかも簡単に述べることは、とうていできそうにもないので、関連するラカンのテクストのごく一部分を引用するにとどめ、ここでの目論見に即しながら、気ままな記述をこころみてみたい。

Le désir même de l'homme se constitue, nous dit-il, sous le signe de la médiation, il est désir de faire reconnaître son désir. Il a pour objet un désir, celui d'autrui, en ce sens que l'homme n'a pas d'objet qui se constitue sans quelque médiation....(19)

人間の欲望そのものが、媒介というかたちをとってつくられるのだ、そうかれ〔ヘーゲル〕はいう、欲望とはその〔じぶんの〕欲望を認めさせたいという欲望である、欲望は対象として欲望を、他者の欲望をもつ、というのも、人間は、なんらかの媒介なしに、自分の欲望にたいして構成されるような対象をもたないのだから……

もともとある個人に特有の——特定の場あるいは状況によって制約された——欲望が、（書くことあるいは読むことのこころみをとおして）その個人に特有の場あるいは状況のそとに出てさまよい、おなじようにさまよう他者の欲望と、たまさかに出逢い、その出逢いのさなかで、「享楽」というレヴェルにまで昂まってゆく、そのことを、この文は意味しているのだろうか。ことなったものどうしが出逢い、あるいは衝突し、おたがいにもとのレヴェルを超えた場へと昂まり、あらたな、より上位のものへと融合してゆく、「弁証法」を、ごく単純化してこうとらえることは、ともかくも可能だろう。もっともこの出逢いは、現実的なものではありえず——まだ実現の段階にはいたっていず——、なお純粋な可能性の段階にとどまっているといわなければならない。あるいは「欲望の弁証法」とは、著者ないし読者が、もう一方の欲望がどのようなものであるかを推測し、その欲望を充足させることによって、自分の欲望を、自分の存在を、もう一方の存在にみとめてもらおうとする欲望、つまり「欲望の欲望」という連鎖あるいは昂まりを意味するのだろうか。この場合にも「欲望の欲望」の充足が現実的でありえないことはあきらかだが、しかし、すくなくとも可能なものとして想定することはできるにちがいない。

いずれにしても、「享楽」はたまさかの出逢いによってしかありえないのだから――「享楽」は、著者ないしは読者の意志にもとづいたものではなく、あきらかに偶然のもたらすものなのだろうから――、それが予見しがたいものであることは、むしろ当然ではないだろうか。逆にいえば、それがみずからの快楽にとって不可欠でありながらも、なお予見しがたいからこそ、著者は、自分のテクストの読書によって「快楽」をあじわうだろう読者がたしかに存在可能であることに、あえて賭けるのだろうから、「享楽の予見しがたさ」こそが「享楽の空間」を可能にしているといえるのかもしれない。著者が、読者の存在可能に賭けるように、読者もまた、読書の快楽をもたらしてくれるだろう著者の存在可能に賭けるのだろう。

この賭けは、しかし、すでに成立していて、もはや参加することができない――「賭けはなされた」――のではない。著者の欲望は、書くことによってだけ充足するのではなく、おなじように読者の欲望も、ただ読むことによって充足するのではないのだろう。この二者の領域は、おたがいにあいてを排除するような、確立しあるいは固定したものではない――むしろ二者はおたがいに位置をかえ、戯れあう(se jouer)のではないだろうか。だから二者が賭け(ゲーム)に参加する可能性は、けっして閉ざされていない。いつでも賭けられるのだし、いつでもプレイ(jouer)することができるのだろう。著者の欲望も、読者の欲望も、たまさかの出会いによって消滅するのではなく、むしろよりつよい欲望が、よりつよい「享楽」への欲望が生じるのではないだろうか。欲望は、欠乏に由来する「欲求」(le besoin)とはちがって——たとえば空腹による「欲求」が、食べることによって消えさるのとはちがって——、ついに満足(充足)することがないのだろう。だとすれば、「賭け」はさらに、というよりは、いつまでもつづけられなければならないのだろう。

*

「ただ書いて、ただ読んでほしい」——宮部みゆきのこの、そのものとしては漠然としたことばは、バルトの断片と重ねあわせたことによって、いくぶんか明確なすがたをあらわしはしなかっただろうか。バルトがここで述べている著者が、近代的な意味での——バルトによってその「死」を宣告された[20]——「作者」ではないこと、というより、バルトが著者(書く人)を「文学」という近代的な枠組——自律的な芸術領域——とはかかわりないものととらえていることは、おそらくたしかだろうし、そのことは、直接言及されているのではないにしても、「純文学」と「エンターテインメント文学(娯楽文学、大衆文学)」などという在来の(ふるびた)領域的な差異が、おのずから解消されることを意味するのだろう。宮部みゆきそのひとは、みずからを「職業作家」ないし「エンターテインメント作家」と位置づけているが、そのことには関わりなく、その「書く」ことのありかたからみて、在来の(近代的な)枠組にたいして中立的な——それとかかわりのない——著者であること、その意味で——その意味にかぎって——、むしろバルト的な「著者（書くひと）」の同類とみなすことができるのではないだろうか。「書く」ことを持続するだけではなく、その量と質を——読者の数と読者が味わうべき「快楽」を——つねにたかめつづけること、「エンターテインメント作家」ないし「職業作家」としての宮部みゆきにとって、このことこそがみずからに課した課題であり、あるいはむしろ宿命なのではないだろうか。その著書が、ただたんに数がおおいだけではなく、多様なジャンルにわたり、しかもしばしば大部のものとなるのも、ある意味では当然なのかもしれない。そのうえその小説は、ひたすらに読みやすい——アプローチのしやすい——ものでなければならないだろうし、読者の側からいえば、ごく気軽に——特別の知識もかまえもなしに——快楽を味わえるものでなければならないだろう。そしてその快楽は、いっさいの夾雑物を排除した——たとえば知的（教養的）あるいは人生的（生活的）な関心などからは自由な——、その意味で純粋な（自律した）もの、あえていうなら、ひたすらに感性的（ästhetisch）な満足なのではないだろうか。

とはいえ、このような課題は、容易に解決できるものではないだろう。宮部みゆきの「書く」ことは、おそらく、このような課題に応えるための方法ないし方策、一言でいえば、みずからに特有の技法の探求とわかちがたく重なりあっているのだろうし、またそのことにこそ、宮部みゆきという作家を他の同類の作家から区別する根拠があるにちがいない。問題はこうして、おのずから、宮部みゆきは「なぜ書くのか」から、宮部みゆきは「どう書くのか」に移行することになる。

どう書くのか

「ただ書いて、ただ読んでほしい」――それは、なんらかの外在的な目的の実現によって終熄することなく、ひたすらに「語る」ためにのみ「語る」ことであり、「語る」ことはそこではいわば自己目的化しているのではないだろうか。したがって「語られたもの」――物語あるいは小説――もまた自己完結的であり、それ以外のもの――他者、他者の集合としての世界、多種多様な制度、さらには他者としての自己（自己省察の対象としての自己）など――との直接的なかかわりを欠くことになるだろう。もっとも、他者性（対象性）を完全に欠如した――いかなるものごとも語らない――物語などありえないだろうし、事実宮部の著作は、きわめて多様な人物を、それらが紡ぎだす大小さまざまなできごとを、さらにはそれらの動因であろうものまでをも、むしろ克明に語っている。

いくつか例をあげれば、『パーフェクトブルー』（一九八九年）では「ドーピング問題」、『火車』（一九九八年）では「住宅ローン破産」や「クレジットカード破産」、そして『模倣犯』（二〇〇二年）においては「劇場型犯罪」や「犯罪とマスメディア」などといった問題、さらには『ソロモンの偽証』（二〇一二年）における「学校（教育制度）」や「いじめ」など、現代の社会にみられる問題をあつかったものがすくなくなく、むしろそのことにこの著者の特徴をみるひともおおいようだが、しかしこうした問題との関係は、たとえば松本清張（一九〇九―一九九二年）らによって代表される「社会派推理小説」の場合のように、そのものが主題化され、あるいはその背後にあるいわゆる「巨悪」の摘出が目ざされているのではなく、あくまでも描かれる主要なできごとの背景といった位置にかぎられているといえるだろう。このことは、それとして詳細な検討にあたいすると思われるが、ここではとりあえずひとつの例について、しかもごく簡単にふれるにとどめる。

『理由』（一九九八年）では「住宅ローンの破綻」「不動産競売」「強制執行妨害」などといった問題があつかわれているが、それらの問題は、語り手（リポーター）にたいする弁護士の説明というかたちで、きわめて明確に、しかし限定的に語られるだけで、あくまでもあるできごとの動因としての位置に限定されており、この説明（記述）が、そのむこうないし根柢にあるはずの錯綜し、広大なひろがりをもつ社会的な、あるいは人間的な問題にまでたちいることは、ほとんどといってよいほどない。

おなじように、ひとつの著作（小説）がその作家の自己とのかかわりを完全に欠如することもありえないだろうが、宮部の小説における自己とのかかわりは、たとえば「生の気分」とか、さらにいえばその人生観ないし世界観などといったものではなく、あくまでも欲望という無意識的なレヴェルにかぎられており――読者はもちろん、宮部そのひとにたいしてさえ秘匿されており――、したがって藤沢周平の場合のようには、その「書く」ことを、あるいは「書かれたもの」を、基本的に規定するにはいたっていない。すくなくともその「文学」は、藤沢などの場合のようには、「生」との、その「人生観」や「世界観」などとの直接的かかわりをもたず、さきに述べたように、自己完結的であり、その小説は、この意味では、たしかに「ふかさ」を欠いているのだが、そのことは逆に、その小説の世界がきわめて「はいりやすい」――「わかりやすい」――ものであることを意味しているということもでき、おおくのひとがごく気軽に――さしたる抵抗感もなしに――それを享受できるのではないだろうか。あえていえば、読者は、宮部みゆきの「生の気分」とか、その「人生観」ないし「世界観」に共鳴するのではなく、ひたすらに語られたできごと（物語）に魅了され、それに快楽をおぼえるのだろう。

［なおさきの箇所で「ふかさ」をリップスの所論と関連させて考えてみたが、ここでは、またべつの観点から、ニコライ・ハルトマン（Nicolai Hartmann, 1882-1950）が独自の存在論にもとづいて分析した文学作品の構造と照らしあわせることによって、その輪郭をいくぶんかでも明確にすることをこころみてみたい。ハルトマンは、芸術作品が実在的（real）な「前景」（der Vordergrund）と観念的（ideal）な「後景」（der Hintergrund）からなり、さらに後景はいくつかの層のつらなり（die Schichtenfolge）――「中間層」（die Mittenschichten）――からなると論じたあとで、叙事的な作品においては、後景は、人物の具体的な形象とその行動、それをとおして現象する（erscheinen）（受容者の意識にあらわれる）多様なできごと、さらにはそれらをとおして現象する人物の性格とその「運命」（das Schicksal）、そして人物の「個人的理念」などおおくの「層」からなるが、たとえばドストエフスキー（Fiodor Dostoievski,

1821-1881）の偉大な作品などの場合には、そのさらに奥に、もはや言語化不可能（unsagbar）な「普遍的な理念」（die allgemeine Idee）とでもいうべき層――「最奥の層」――が存在すると述べ、そのうえで区々とした――マイナーな――スタイルの作品は、このような「ふかい」層を欠如すると述べている。[21] ここでは「ふかさ」はあきらかに作品の価値と関連させられており、「純文学」と「エンターテインメント文学」の差異の根拠も、ときにその有無にもとめられることがあるといえるだろう。」

このことからいえば、「ふかさ」を欠如する宮部みゆきの小説は、価値のひくい（マイナーな）ものというべきことになるが、ただこのようなとらえかたが、結局はなんらかの「理念的なもの」を人間そして世界の根柢におく思想にもとづいていることはあきらかであり、そのような思想が後退をしめしはじめた二十世紀の半ば過ぎころから、むしろ「ふかさ」を否定し、表層（表面）の意義を強調する傾向が生じたこと――「ふかさ」を価値の根拠とする考えがその根拠を失ったこと――は、指摘しておくべきだろう。そして、すでに述べたように、「ふかさ」の欠如が、語られたできごとそのもののストレートな受容を可能にし、読書の快楽におおきく寄与していることも、わすれてはならないだろう。

ものがたり（物語）とは

ところで「ものがたり（物語）」という語（概念）は、いろいろな脈絡でもちいられ、さまざまな意味（内実）をあたえられているが、ここでは、端的に、「もの（物）」を「かたる（語る）」こととともえ、さらに「もの」を、たとえば「物品」あるいは「鬼、魔物、怨霊」などといったせまい意味ではなく[22]、そのもっともひろい意味で——狭義の「もの（物）」と「こと（事）」を包括した、簡単にいえば「ものごと（事物）」、つまりは存在と現象の総体として——とらえておきたい。それは、ここでの問題にひきつけていえば、もろもろの人物、それらの周囲世界、そして大小さまざまのできごとなどといえるだろう。ところで「もの」を語るという場合の、べつにいえば「語り」の対象としての「もの」とは、自己＝語る主体にとっては所与としての、あえていえば他者としての存在と現象にほかならない。しかしそれは、そのものとしての存在や現象なのではなく、それとして認識可能なありかたにおける「もの」でなければならず、さらにいうなら、それについて語るためにふさわしい——というよりはむしろ言語化可能な——ありかたにおける「もの」でなければならないだろう。

いまかりにキリスト教的な神話にならうとすれば[23]、「世界」とは、もともと、神のことばによって出現したコスモスにほかならず、そのことを強調すれば、この世界は、すでに語られた、べつにいうなら、言語によってかたち（構造）をあたえられた、それ自体が巨大な「物語」にほかならないともいえるのではないだろうか——逆にいえば、そのものとしての世界（世界それ自体）を語ることは、人間にとっては不可能というべきなのだろう。あるいは、ひとは単に事実的に——物理的、生物的に——存在するのではなく、無数のひとびとの思考や情動、そしてそれぞれの言語活動が交錯するさなかで、みずからもそれぞれに特有の言語活動をおこないながら、生きているのではないだろうか。人間にとっての世界とは、おそらく、これらもろもろのいとなみによって織りなされたものであり、その意味では、すでに思惟され、感じられ、そして語られたものというべきなのだろう。

宮部みゆきに『英雄の書』（二〇〇九年）という小説がある。小学五年生の少女（森崎友理子）が、ナイフをふるってクラスメートを殺傷したあと行方をくらましたままの兄（大樹《ひろき》）を探しもとめて、異界――「無名の地」と「ヘイトランド」――を旅し、さまざまな冒険をおこなうという、あえていえば『不思議の国のアリス』（Lewis Carrol:*Alice's Adventures in Wonderland*, 1865）型のファンタジーといえるが、それはまた「物語」についての宮部みゆき自身の省察として読むこともできる。

人が生きているだけならば、どれほどの偉業をなそうと、それはただの事実でしかない。思うこと、語ること、語られることを以て、初めて〝英雄〟は生まれる。そして、思うこと、語ること、語られることは、これすべて物語なのだ。／おまえが意味するところの、〝輪〟に在る人としての英雄は、源泉の〝英雄〟という物語から生れ来る、写しのようなものなのだ。(24)

ここで「源泉」に対置されている「輪（サークル）」とは、いったいなんなのか、「世界」とはどのような関係にあるのか。「世界って言っちゃいけないの」といぶかる少女にたいして、「賢者」はつぎのようにいう。

「世界は、人の世が生まれる以前から存在する。世界は、人の世だけで成り立っているのではない。天体、自然、森羅万象のすべてが〝世界〟だ」

〝輪〟は、それとはまったくことなるという。

〝輪〟は、人が言葉を生み出し、〝世界〟を解釈しようとした瞬間に誕生したものだ。力であり、意志であり、希望であり願いであり祈りでもある。それらのすべてを包括する。それが〝輪〟だ(25)」

[なおこの物語は、少女友理子が、すがたを消した兄大樹の部屋で、一冊の(赤い表紙の)書物と出逢い、それとことばをかわし、そのみちびきによって、(父方の祖父の、血縁関係も戸籍上の関係もない弟だという)大叔父水内《みのち》一郎の蒐集した大量の書物と出逢い、とくにそのなかの「長老」とでもいうべき「賢者」の力をかりて、「無名の地」とよばれる異界におもむき、そこから日常への帰還をはたしたあとで、さらに訪れた「ヘイトランド」なる異界で、兄と再会しかつ決定的に別れるというできごとを

語っている。」

ここでいわれている〝輪〟は、むしろ一般的な意味での「世界」[26]に、そしてここでいう〝世界〟は、おおくの〝輪〟を包摂する時空の広大な領域として、一般にいう「宇宙」ないし「天地」に相当するといえるのではないだろうか――あえていえば「光あれ」という神のことばに起源をもつ「世界＝宇宙（天地）」、そしてその内部に人間のことばによって生じ、人間がそのなかで生を営むものとしての「輪＝世界」。広大無辺な宇宙のなかに人間が誕生し、ことばを獲得し、それによって「世界＝宇宙」をみずからの認識内にとらえようとした――解釈しようとした――その瞬間に、「輪＝世界」が誕生する。そして、みずからの外にあるもの――もろもろの他者ないし対象――を、言語活動によってみずからの認識内にとらえようとするこころみこそが「物語」にほかならないとすれば、「輪＝世界」そのものが、巨大な物語というべきなのだろう。

つぎのように考えることはできないだろうか。神のことばに起源をもつ広大な「世界＝宇宙（天地）」の内部に、神に由来する唯一の言語による活動（言語活動＝物語）によって、人間は「輪＝世界」を生成させたのだが、バベルの塔のできごとをきっかけに言語は統一を失い、ひたすらに多様化してゆく。こうして本来的な――唯一の――「輪＝世界」の内部に、かぎりなく多様化した言語によって、無数のいわば二次的な「輪＝世界」が生成する（語られる）。神があたえた言語に由来する根源的な――ただひとつの――「輪＝世界」の内部で、人間が多様化した――ひとそれぞれの――言語によっておこなう活動（物語）の錯綜した戯れ——綯いあわせ——こそが、「輪＝世界」の実質を形成しているのではないだろうか。結論だけを述べるなら、ひとびとが現にそこで生きている「輪＝世界」とは、このようないわば二次的な言語活動（物語）の錯綜した戯れが紡ぎだしたものであり、そこにはだから大小さまざまの物語が満ちあふれているのだろう。ひとが、この「輪＝世界」のなかで生きるということは、それら無数の物語と遭遇し、それを読みとくことにほかならない。

人は、心という容器に様々な話を隠し持っている。その器から溢れ出てくる言葉(27)……

人の心のなかにある物語があふれでる——物語がこころのなかにおさまりきれず、おのずから物語として語り出される——こともあるのだろう。しかし、それが「語る」欲望のはてしない連鎖にまで展開することは、おそらくまれなのだろう。「心のなかにある物語」——第二次的な物語——をさらに語るという欲望につきうごかされるひと、あるいはそれが宮部みゆきのいう意味での「作家」なのかもしれない。

物語にはな、ユリコ、源泉が在るのだ。それは人間が世界を解釈しようとした瞬間に〝輪〟が生まれたのと時を同じくして誕生した。すべての物語は、そこで生れ、そこから〝輪〟へと流れ出て、

〝輪〟のなかを循環する。(28)

〔源泉は〕人の数だけ在るが、それはみな同じものなのだ。人の数だけ在るが、ひとつしかない。世界を解釈しようとする意思は、ただひとつなのだから。ひとつの〝輪〟には、ひとつの源泉が在るだけだ。／その源泉を無名の地という／すべての物語が生れ、すべての物語が回収される場所だ。(29)

ここで語られている「無名の地」こそが、友理子が兄を求めてこれから訪れようとする、〝輪〟のそとの異界（よそ）そのものであり、物語の無限の循環の源にほかならない。しかしこのことについては、またあとでふれる機会があるだろう。さしあたって注目すべきは、上で想定された第二次的な物語をさらに語る、第三次的な物語ではないだろうか。なぜなら、それこそが通念的な意味での、あるいはせまい意味での「物語」であり、世界内のひとびとの「聞く」（読む）という欲望の対象になり、さらには「語る」（書く）という欲望を喚起するだろう「物語」にほかならないと考えられるのだから。そして「思うこと、語ること、語られることは、これすべて物語」にほかならないのだから、それは、通常の意味での「物語」だけではなく、およそこの世界内において語られるものすべてを包摂するだろうし——語り語られることが、「できごと」の根源であるとすれば、ありとあらゆるできごと、それにかかわる個人的・集団的な記憶ないし記録、具体的には歴史やさまざまの伝承など——、また語るための

「媒体」も、狭義の言語（文字とことば）にかぎらず、絵画、写真や映画などの画像、そして音楽、さらには多様な身体運動など、その種類を問わない。

［なお以降では、とくにことわらないかぎり、「物語」という語は、ここでいう「通念的な意味」でもちいられる。］

＊

ここまでに述べたことからすれば、「物語」とは、すでに語られたもの（物語）を、さらに（あらためて）語ることにほかならないのではないだろうか。いくぶんかこじつけめくが、フランス語の“raconter”——“narrer”とほぼ同義とされ、「物語る」を意味する動詞——は、ある辞書によれば、十二世紀に、もともと「語る」を意味する動詞“conter”に、接頭語“a”と“re”がつけくわえられてできたものであり、さらに“a”は「方向を、達成すべき目的をしめすラテン語の要素（“Élément du lat.*a*, marquant la direction, le but à atteindre”）に由来し、また“r(e)”は「『後方への運動をしめすラテン語の要素に由来し』、うしろに戻ること、以前の状態への回帰、反復などを意味する（“Éléments (du lat. *re*, indiquant un mouvement en arrière) qui expriment: le fait de ramener en arrière, le retour à un état antérieur, la répétition...”）」[30]というから、この語から「さらに語る」「あらためて語る」あるいは「語りなおす」などという意味を読みとることは、けっして不可能ではないだろう。「物語」がその実質を形成するような「世界」においては、「物語ること」は、基本的には「さらに語る」ことであり「あらためて語る」ことでしかありえないのではないだろうか。

ここで確認すべきは、「さらに」「あらためて」（“re”）という語が「時間的・空間的な差異」を暗示していることだろう。「物語」は、語る対象としての「物語」の単純な反復ないし模倣なのではなく、そこには語る主体に起因する――意識的であれ、無意識的であれ――なんらかの差異化（変化）が、いわば必然的に介在するのだから、「物語」は、先行する「物語」を「語りなおす」ものというべきことになるだろう。

あるいは、つぎのようにいうべきかもしれない。既存の「物語」との遭遇によって喚起された語る「欲望」は、当然のこととして、既存の「物語」の単純な反復（模倣）ではなく、自己の欲望にふさわしいものへの変容をおのずからくわだてるのではないだろうか。根源的な創造としての「物語」も、世界の実体を形成する「物語」もすでに完了した（語られてしまった）あとに――それこそが宮部みゆきの位置する時点にほかならないのだが――、なお「語り手」に残されているのは、既存の「物語」の「語りなおし」だけであり、それは、宮部みゆきにかぎらず、およそいまの「語り手」――「語る」欲望にとりつかれたひと――にとっては、のがれがたい宿命というべきものなのかもしれない。

この「宿命」を本性的にまぬがれた、きわめて例外的な存在、あるいはそれが「天才」なのかもしれない。くりかえし述べたことだが、いまひとびとの具体的な「生」をとりかこむ世界（die Umwelt）は、すでに語られたものによって構成されている。ひとびとが出会うのは、諒解可能なもの――認識にふさわしく構造化されたもの――、つまりは「物語」にほかならない。「天才」とは、こうした意味的な周囲世界のそとに出て――よそにおもむいて――本来の自己を確立し、その観点から「世界」をとらえ、そして、おそらくはその根拠となるべき、しかし通常の言語によっては意味することの不可能ななにものか（das Unsagbare）を直観するひとではないだろうか。［先述したN・ハルトマンの作品構造論にしたがうなら］表現された（語られた）多種多様なできごとの「層状のつらなり」（die Schichtenfolge）のかなた（その奥）に、この意味での言語化不可能な、おそらくは「普遍的な理念」（die allgemeine Idee）とでもいうべきものを秘めていること――はかりしれない「奥行」ないし「ふかさ」をもつこと――、それこそが「大古典」といわれるものの特質にほかならないのだろう。作者のがわからいえば、こうした「理念的なもの」をあらわしだす（erscheinen）べき独自の「層状のつらなり」を形成する、まれなる才能が不可欠なのだろうし、読者のがわからいえば、こうした「層状のつらなり」のかなた（深奥）に秘められた「言語化不可能なもの」を直観する――みずからにたいして「あらわしだす」――能力あるいは努力が要請されるだろう。このような、あえていえばハルトマン的な奥行を実現する存在と、宮部のいう意味での天才――リップス的なふかさを具現化する存在――を包摂するのが、真の「天才」なのかもしれない。ついでにいえば、既存の意味的な世界（枠組）のかなた（よそ）を目指す存在という意味では——そのかぎりにおいて——、「前衛」(l'avant-garde) という名に真にあたいするひとびとも、この意味での「天才」の一族というべきかもしれない。

つけくわえれば、上述した意味での「天才」のわざ——くりかえすなら、本来の自己の確立(自己実現)とそれにもとづく「普遍的な理念」の直観、そしてそれを「現象(あらわれ)」(die Erscheinung) にもたらすべき多様なできごと(その層状のつらなり)の形成——をめざしながらも、ついに成就しえずにおわるひとびとが、おそらく大多数を占めるのだろう。これらのひとびとの形成するできごとは、通念的な世界のそれとは異なっているにしても、ついに「普遍的な理念」によって統合されることなくおわり、その意味ではなんらかの程度でカオス的な——快楽をもたらすことのない——ものにとどまるのではないだろうか。

*

「語りなおし」は先行する物語の単純な反復(模倣)ではけっしてないが、といってその全否定なのでもない。たとえば、所与としての物語(語られたできごと)を断片化し、それらの断片を任意に結合してできごとを再構成する——「語りなおす」——としても、もとの物語(できごと)の特性はなおたもたれるにちがいない。「語りなおし」は、所与としての物語(できごと)の基本的な枠組のかぎりにおいておこなわれなければならない。このことは、天才の語りのような、「普遍的な理念」の「現象（あらわれ）」にふさわしいいろいろなレヴェルのできごと――それに対応するもろもろの層のつらなり――の創出が、そこではおこないがたいことを意味するだろうし、それはまた上述したような「天才」が、いまもはやありえないことをしめしているのだろう。宮部みゆきの、そしてその同族ともいうべきおおくの「エンターテインメント作家」の著作が、かりに「ふかさ」あるいは「奥行」に欠けているとしても、それはこのひとびとの「才能」の欠如に由来するものではおそらくない。

所与としての物語は、しかしあますところなく語りなおされる――語りつくされる――べきだろうから、そこには曖昧の、あるいはカオス的なものの介在する余地はないというべきだろう。宮部みゆきの著作が「読みやすく」あるいは「分かりやすい」のは――おおくの読者の認識にかなっており、したがって読者に「快楽」をもたらすのは――、おそらくこのためなのだろう。しかしこのことから、宮部みゆきという作家を、ひたすらに読者に迎合するだけの、凡庸な作家であると難じるとしたら、それはあまりにも性急にすぎるだろうし、むしろあやまりというべきではないだろうか。なぜなら、おおくの作家は、「語りつくされる」べきもの（物語）を対象にしながら、「語りつくす」ことができずにいるのだから。なお念のためにつけくわえるなら、宮部みゆきは「語りなおしやすい」――「語りつくしやすい」――ものだけを選び出しているのでは、けっしてない。

「語る」欲望の連鎖あるいは弁証法的な展開についてさきに述べたことは、そのまま「語りなおす」欲望についても妥当するのではないだろうか。この作家は、あらかじめ対象をそれと限定することなく、「語りなおし」の対象をもとめてひたすらにさまよい、あれこれの「物語」に出逢うのだろうが、そのなかには、通常の意味では「語りなおし」がたいものも、おおくふくまれているにちがいない。しかしひたすら「語る」欲望にかられた作家は、それを忌避することをしない、というより、できない。そのとき作家は、可能なかぎりそれを「語りつくす」ための――「読みやすい」そして「快楽」をもたらすだろう物語に変換するための――有効な方策（技法）の探求をこころみるのではないだろうか。

つけくわえておけば、語りなおされた物語は、対象としての物語――あらゆる言語活動が織りなし、ひとびとがそのなかで生きる「世界」――の、多種多様な要素――さまざまなレヴェルのできごと、あらゆるひとびとの行為、さらにはひとつびとつのことばにいたるまでの、すべてのもの――を含みもつことになるだろう。語りなおされた物語の聞き手（読み手）は、だからその物語のなかに、かつて自分自身が見聞きした物語の要素ないし断片を見いだす――それと遭遇する――ことになるだろう。そのとき、読者は、かつて経験したものと偶然に出逢ったという「既視感」（déjà-vu）をいだくのではないだろうか。そしてこのことは、読者にとって物語がきわめて身近なものになることを意味するだろう。宮部みゆきの小説のもつ魅力のひとつは、このような「既視感」に起因する「したしさ」（l'intimité）にあるのかもしれないし、それはまたこの作家が、ここで述べたような物語のありかたを熟知したうえで語っているからにほかならないのだろう。

技法あるいはスタイル――問題提起として

ある意味では本性と化した――無意識的ともいえる――対象（物語）をもとめての彷徨とそれとの出逢い、そしてそれを「語りつくす」ための方法（技法）の意図的な――意識的な――探求、おそらくこのふたつが、宮部みゆきという作家に特有の技法とスタイルをつくりあげているのだろうし、またそれこそがこの作家を他の作家から区別しているのだと考えられる。このことからいうなら、宮部みゆき研究は、それが存在するかどうか、あるいはそれとして成立しうるかどうかはべつにして、このような技法あるいはスタイルを、その数おおい著作に即しながら記述し、検証することが、その中心的な課題となるのではないか。

とはいえ、このような課題は容易に解決できるものではないだろう。さしあたっていま可能なのは、このような課題に関連するだろういくつかの問題を列挙すること、そしてその問題に関係すると思われるいくつかの著作をあげることぐらいしかない。

1 「語り手」あるいは「語りの視点」(31)

宮部みゆきはこの問題についてきわめて意識的であると思われ、その証拠にいくつかの小説では、見かたによっては大胆ともいえるようなこころみをおこなっている――たとえば『パーフェクトブルー』（一九八九年）の「犬」という、あるいは『長い長い殺人事件』（一九九二年）の「財布」という語り手など。(32) また「語り手」の設定は、小説全体の語りかた――あえていえば「文体《スタイル》」――とふかくかかわると思われるが、宮部みゆきは、このことについても、いろいろなこころみをおこなっている。たとえば『今夜は眠れない』（一九九六年）における中学一年生という語り手、あるいは『理由』（一九九八年）における「リポーター」という語り手のありかたなどは、たしかにそれぞれの小説の「文体」のありかたをそれとして規定しているといえるだろう。

べつの例について、いくぶんか具体的にいうなら、『小暮写真館』（二〇一〇年）においては、語り手は、高校生である主人公英一にときに寄りそい、ときにそれと一致するという「ゆらぎ」をみせるために、語りの視点はある種の曖昧さをしめすが、そのことがこの小説の独特な雰囲気におおきく寄与しているのではないだろうか。いかにも高校生らしい――というより読者に高校生でなければありえないと感じさせるような――語りがしばしば挿入されるが、いうまでもなくこの語りは、作者によって創造（想像）されたものであり、このように語る高校生は、いま現実にはおそらくありえないのではないだろうか。そのことからいえば、この小説が語っているのは、いわばユートピア的な世界であり、「心霊写真」や「幽霊」が実在するような、「いま、ここ」にはありえない、どこかよその世界なのかもしれない。だから語られている主人公と年上の女性との恋の顛末も、このような世界においてしかありえないものなのだろう。この小説全体が語るのは、そうした世界の象徴、いやむしろその具体的なあらわれとしての「小暮写真館」なのかもしれない。

2 「ジャンル」

宮部みゆきの仕事のおおくは、「ミステリー」というジャンルに類別できるのではないだろうか。「ミステリー」をそのもっとも基本的なレヴェルでとらえるなら、その特性は「謎」――容易にはとらえがたく、また語りにくいもの――を呈示し、しかもそれを語りつくす（語りあかす）ことにあるといえるが、それはまたこの作家の仕事そのものの特性にほかならない――いちいち例をあげるまでもないだろうが、なかでも『魔術はささやく』（一九八九年）や『寂しい狩人』（一九九三年）など、初期のいくつかの小説は、とくに「ミステリー」の色あいが濃いともいえる。

あるいは、これも宮部みゆきにとっては主要なジャンルともいうべき「ファンタジー」は――『ブレイブ・ストーリー』（二〇〇三年）や『過ぎ去りし王国の城』（二〇一五年）などその例はおおい――、そしてある程度は「サイエンス・フィクション」も、通念的には理解不可能な（語りがたい）ものを理解可能な（語りえる）ものに転じるのにふさわしいジャンルではないだろうか――たとえば『蒲生邸事件』（一九九六年）など。

そして、これらにちかいものとして、適当な名称は思いつかないが、「超能力」あるいは「超常現象」を語りのおもな対象とするジャンルも見逃せないだろう――二三例をあげれば『龍は眠る』(一九九一年)『震える岩　霊験お初捕物控』(一九九三年)『天狗風　霊験お初捕り物控(二)』(一九九七年)『鳩笛草』(一九九五年)などだが、それらとはいくぶん異なるにしても、たとえば『蒲生邸事件』や『楽園』(二〇〇七年)などのように、超常的な能力の持ち主ができごとの展開のうえでおおきな役割をはたす物語は、むしろ枚挙にいとまないともいえる。

「時代小説」が独自のジャンルといえるかどうか、いくぶん問題だが、過去の――宮部の場合おおくは江戸時代後半期の――できごとという特定の対象を語るという点を強調すれば、ジャンルとしてとらえられるかもしれないし、それはまた「いま、ここ」ではない時空のできごとを語るという意味では、宮部にしたたしいジャンルといえるだろう――たとえば『かまいたち』(一九九二年)や『幻色江戸ごよみ』(一九九四年)あるいは『堪忍箱』(一九九六年)など、その例はきわめておおい。

このジャンルの枠内に、たとえば「捕物帳」のようなジャンル(下位ジャンル)を設定することができるかもしれな――作品例としては、『本所深川ふしぎ草紙』(一九九一年)や『初ものがたり』(一九九五年)などがある。

以上にあげたいくつかの「ジャンル」は、それとして確立したものというよりは、相互にいりみだれ、あるいはかさなりあい、流動的な状態にあるというべきだろう。

なお宮部の小説のなかには「連作《シリーズ》」とよばれるかたちをとったものがかなりあるが、それがジャンルとしてとらえられるのかどうか、あるいはジャンルとはべつに考えるべきなのか、検討の要があるだろう。

3 「できごとの構成」

「語りつくそう」とする場合、あるできごとについての語りは、さらにその原因となったできごとの、あるいはそれから派生したできごとの語りを誘発するにちがいない。宮部みゆきの小説には、このようなものが――主たるできごとと関連する多様なできごとが、層状にかさなりあったり、あるいはそれらが複雑に戯れあったりする物語――がすくなくなく、むしろおおくの小説がそれに該当するだろうし、とくに規模のおおきな長篇――たとえば『ソロモンの偽証』『模倣犯』など――、あるは「連作」とよばれるいくつかの作品――たとえば『誰か』(二〇〇三年)や『名もなき毒』(二〇〇六年)から『ペテロの葬列』(二〇一三年)そして『希望荘』(二〇一六年)や『昨日がなければ明日もない』(二〇一八年)にいたる、いわゆる「杉本三郎シリーズ」や、『ぼんくら』(二〇〇〇年)『日暮らし』(二〇〇四年)から『おまえさん』(二〇一一年)にいたる「井筒平四郎シリーズ」――などは、そのあらわれといえるのかもしれない。あるいは、ひとつの作品に登場した脇役的な人物を、べつの長篇の主人公にしてさらに語るということ――たとえば『模倣犯』と『楽園』の関係――なども、このことと密接な関係があるのかもしれない。

4 「物語の物語」

「物語る」ことへの執着あるいは欲望は、おそらく物語そのものへの関心を喚起するにちがいない――「物語」はどこから来て、どこにゆくのか……。そしてこのことは「伝聞」を主題化したいくつかの物語とおそらく無縁ではないだろうし――たとえば「深川七不思議」伝説にもとづいた『本所深川ふしぎ草子』(一九九一年)あるいは『耳袋』(33)に源泉をもつと仮構されている『霊験お初捕物控(一)(二)』、「百物語」のヴァリエーションともいうべき『三島屋変調百物語』シリーズなど――、さらにはこの問題そのものを物語ろうとする、すくなくともそうみなすことの可能な物語さえもあり――たとえば『英雄の書』や『悲嘆の門』など――、これらは、物語論との関係でいえば、あるいはもっとも注目すべきものなのかもしれない。

5 「引用」

さきに述べた「語りなおし」は、そのありかたからみて、「引用」ととらえることも可能だろう。宮部みゆきの小説のなかには、なんらかのかたちで先行する他のテクストによってすでに「語られた」できごとが、かなり明確な仕方で「引用」されているものがある――『孤宿の人』(二〇〇五年)や『荒神』(二〇一四年)、あるいはみかたによっては『蒲生邸事件』などもその例としてあげることができるかもしれない。

ところで「引用」は、対象としてのテクストの断片化（切り分け）にはじまるといえるだろう。そして切り分けられた断片は大小さまざまだろうが、そのもっともちいさなものとしては、「語」ないし「句」をあげることができる。これらの断片は、テクストのちいさな単位であるとともに、それ自体がすでに多様な意味をになったものとして、ひとつのテクストといえるだろうし、かつてある物語のなかに含まれて「できごと」の特定の部分を構成していたものとして、そのものがすでにちいさな「物語」といえるのではないだろうか。

宮部の小説における「句」や「語」の引用のありかたは、とくにその「時代小説」において明確にあらわれているといえよう。というよりは、宮部のそれにかぎらず、おおよその「時代小説」においては、ある「時代」の、それもおおくは江戸時代の後期ないし末期のいろいろな文献や切絵図などから引用されたと考えられる「句」ないし「語」によって、「時代」の雰囲気の形成（表現）がおこなわれているともいえる。宮部以外の例をひとつだけあげてみよう。


王子権現社は、伊弉冉尊《いざなみのみこと》・速玉男命《はやたまおのみこと》・事解男命《ことさかおのみこと》の三神をまつり、むかし、紀伊の国の熊野権現をここへ勧請《かんじよう》したものだとか……。／社の北方には有名な王子稲荷《いなり》の社があり、ここは関東における稲荷神社の総本山で、毎年の大晦日《おおみそか》には関八州の狐《きつね》全員があつまるものだから、当夜は音無《おとなし》川の岸辺を無数の狐火がゆらゆらと群れをなして境内へ入って来るのだそうな。／現在の北区王子本町。国電の王子駅の西方一帯が、両社の境内であった。

池波正太郎（一九二三―一九九〇年）のある短編[34]の一部であり、以降に語られるだろうできごとが展開する世界とその雰囲気を簡潔に告げているといえるが、この文を構成する語ないし句のほぼすべてが、この作家に特有の（オリジナルな）ものではなく、それとして名指しはできないにしても、先行するなんらかのテクストからの直接的、間接的な――意識的、無意識的な――引用であることはあきらかだろう。なお巻末に「参考書目」などとして、引用対象としての先行テクストの一部が明示されることもある。

火事見舞まであと半丁のところにいる金時[35]

金座の大秤よりも大きな秤があって[36]……

宮部自身の例だが、現在ではほとんど使用されることのない、あきらかに江戸時代にその場をもつ「語」ないし「句」が引用されており、江戸という時代に特有の雰囲気（時代色）を出すという効果をたしかにあげているが、その一方で、これらの句が、小説全体のコンテクストにたくみに組みこまれることによって、特有の意味づけがおこなわれ、そのためにそれまでこれらの語に無縁であった読者にも、その意味がある程度想像できるという、いわば往復運動的な効果が生じているのではないだろうか。

小説における引用は、特定のテクストから直接おこなわれる場合もあるだろうが、むしろ過去の読書の結果記憶された――作家の主観内に集積し、なんらかの変容を蒙った――テクストからの、ある意味では間接的な、ときには無意識的でさえあるだろう引用が、その大部分を占めるのではないだろうか。その点でそれは、たとえば学術論文における引用などとはまったくことなったものというべきだが、それらのことについてはまたべつに考えるべきだろう。

おわりに

このテクストのきっかけになったのは、宮部みゆきの小説をあれこれ読んでいるうちに生じたちいさな疑問だったが、それはごく簡単に解けるだろうと、ある意味では高をくくっていた。しかしとりかかってまもなく、当初は予想だにしなかった問題がつぎからつぎへとあらわれ、それらの解決をはかるなかで、バルトやラカンなどはともかく、リップスやフィードラーさらにはN・ハルトマンなどという、いまはあまり顧みられなくなってしまったひとびとの学説まで参照するはめになったが、にもかかわらず問題の解明はかえって遠ざかってしまうという結果を招いただけだったようだ。論じのこした問題は多々あるし、とくに「技法」あるいは「スタイル」という問題は、より具体的かつ詳細に論じるべきだったが、結局は箇条書き程度に終らざるをえなかった。機会があれば、そして可能であれば、そこで提起した問題のひとつでも、いくぶんか詳細に、そして具体的に論じなおしてみたいと思ってはいる。

さきに引用したあるインタービューでの宮部みゆきの発言は、作家のふたつの類型をきわめて明確に指摘したものと読むことができた。それは、「美学」やおおくの「文学論」などでは、はっきりとしたかたちでは論じられることのすくなかったもの——対立する領域としてのいわゆる「純文学」と「大衆文学」ないしは「芸術」と「娯楽」——にふかくかかわる類別であり、この発言は、その意味で、わたくしにとっては衝撃的でさえあった。これまで「大衆文学」あるいは「娯楽」という問題は、確立した——正統を標榜する——学においては、中心的に論じられることがすくなかった、というよりはむしろ検討の対象からなかば自動的に除外されてきたというべきだろう。宮部みゆきの小説について語る機会に、この問題についてもいくぶんか詳細に言及できればと考えていたが、結局はごく簡単に——そのうわべに——触れたただけで終ってしまった。

このテクストの全体は、わたくしにとって、ある意味では宮部みゆきという作家を道づれとする、ごくみじかい旅であり、脇道にそれたり、あれこれ迷ったりはしたが、それなりに楽しいものだった。もっとも、ことわりもなしに道づれにしてしまったことを、宮部みゆきさんにはお詫びしなければならない。

「連作小説」について

断章（Ⅳ）——ある物語作家の動機《モティーフ》（2）による

はじめに

宮部みゆき（一九六〇年―）の小説『誰かSomebody』（二〇〇三年）『名もなき毒』（二〇〇六年）『ペテロの葬列』（二〇一三年）『希望荘』（二〇一六年）そして『昨日がなければ明日もない』（二〇一八年）は、そのいずれにおいても「杉村三郎」という名の――おそらくは三十代後半から四十代前半の――男性が主人公として活躍しており、物語を規定する主要な契機――ここではそのひとつである主人公――が同一であるという、あるいは同一の主人公というおなじ枠組内に包含されているという、きわめて明確な特徴を有しているが、このようなありかたをする小説は、一般に「連作小説」とよばれているようだ。おなじ宮部みゆきの『ぼんくら』(二〇〇〇年)『日暮らし』(二〇〇五年)そして『お前さん』(二〇一一年)も、そのすべてにおいて「井筒平四郎」という、いっこうにうだつのあがらない「同心」が主人公として活躍しており、おなじく「連作小説」ととらえることができるだろう。

もっとも、このふたつの「連作」のあいだには、一方がそのなかに『希望荘』と『昨日がなければ明日もない』という二冊の「連作短編」をふくんでいるのにたいして、他方は、三冊の長篇のみからなるという、かなり明確なちがいがある。前者は、ひとつの枠組のなかに、長篇と「連作短編」——それ自体がいくつかの短編によって構成されている——をふくむという意味では、一種の「入れ子構造」をしめしているといえるかもしれない。

「連作」というありかたの例をほかにもとめれば、エラリー・クイーン(1)(Ellery Queen)の作品の大部分は、「エラリー・クイーン」という名の私立探偵を主人公としており、その点であきらかに「連作」ととらえることができるが、そのなかでも『ローマ帽子の謎』(*The Roman Hat Mystery*, 1929)から『スペイン岬の謎』(*The Spanish Cape Mystery*, 1935)にいたる九作は、その題名のいずれもが、なんらかのかたちでイタリア、フランス、オランダ、ギリシヤ、エジプト、アメリカ、シャム、チャイナ、スペインといった「国名」を含むところから、しばしば「国名シリーズ」と呼ばれており、ごく特異ではあるが、「連作」のなかの「連作」ととらえることができるかもしれない(2)。もっとも、共通の特徴をもった題名のみで、はたして複数の作品をそのなかに包摂するにたりる枠組を形成できるかどうか、問題だろう。

ところで、「連作（シリーズ）」というありかたは、かならずしも小説にかぎられるのではない。たとえば映画の領域では、かなりふるい例になるが、嵐寛寿郎（一九〇二―一九八〇年）が主人公を演じていた『鞍馬天狗シリーズ』（約九十本、一九二七―一九五六年）、ちかい例としては、山田洋次（一九三一年―）の監督、渥美清（一九二八―一九九六年）の主演による『男はつらいよ（寅さん）シリーズ』（全四十八作、一九六九―一九九五年）などをあげることができるが、[3] このふたつの場合には、主人公だけではなく、それを演じる俳優が同一であるために、枠組はそれ相応に明確なものになっているといえるだろう。

また絵画の場合にも、たとえばモネ（Claude Monet, 1840-1926）の『積みわらシリーズ』――『ジヴェルネの積みわら、落日』（*Meules à Givernay, soleil couchant*, 1888）、『ふたつの積みわら、日没、秋』（*Deux meules, déclin du jour, automne*, 1890）、『積みわら、冬のしるし』（*Meules, effet d'hiver*, 1891）、『積みわら、落日』（*Meules, soleil couchant*, 1891）、埼玉県立美術館ほか――や、『ルアン大聖堂シリーズ』――『ルアン大聖堂、正面扉、曇天』（*Cathédrale de Rouen, le portail, temps gris*, 1892）、『ルアン大聖堂、正面扉とアルバーヌの鐘塔、朝のしるし』（*Cathédral de Rouen, le portail et la tour d'Albane, effet du matin*, 1893）、『ルアン大聖堂、正面扉、青のハーモニー』（*Cathédrale de Rouen, le portail, harmonie bleue*, 1893）、『ルアン大聖堂、正面扉』（*Cathédrale de Rouen, le portail*, 1893）、『ルアン大聖堂、正面扉とアル

バーヌの鐘塔、溢れる日差』（*Cathédrale de Rouen, le portail et le tour d'Albane, plein soleil*, 1893）Musée d'Orsay, Paris――などは、あきらかに表現対象あるいは制作意図など、作品を規定する明確な契機を共有しており、その点でたしかに連作ととらえることができるだろう。

さらに音楽に例をとれば、たとえばスメタナ（Bedrich Smetana, 1824-1884）の『わが祖国』（*Má Visat*, 1874-1879）という作品は、そのすべてがかれの故国であるチェコの地名ないし歴史的なできごとを標題とする六曲の「交響詩」からなりたっており、「交響詩」において標題がはたす役割からみて、連作ととらえることができるだろうし、またとらえかたにもよるだろうが、ベートーヴェンの『弦楽四重奏曲第七番ヘ長調』（*Streichquartett Nr.7, F-Dur, op.59-1*,1806）、『第八番ホ短調』（*Nr.8, E-Moll, op.59-2*, 1806）、『第九番ハ長調』（*Nr.9, C-Dur, op.59-3*,1806）の三曲は、いずれも同一の作品番号をもち、しかもウィーン駐在のロシア外交官ラズモフスキ（Andrei Kirillovich Razmovski, 1752-1836）の委嘱によって書かれ、かれに献呈されており、三曲に共通する作曲の時期と状況が、なんらかの程度作品のありかたを規定すると考えれば、かなり特殊ではあるが、連作ととらえることも可能かもしれない――なおこの三曲全体はときに『ラズモフスキ四重奏曲』と一括される。

一方「マンガ」の領域では、連作はそれに特有のありかたをしているように思われる。たとえば長谷川町子（一九二〇―一九九二年）の『サザエさん』（一九四六―一九七四年）のような、新聞に連載された「四コママンガ」は、その一回分が、連載小説のそれとはちがって、ある完結性をもっていると考えられるから、小説における「ショートショート」ないし「掌編」に相当するような、ごく小規模の「短編」ととらえることも可能だろうし、のちに単行本として刊行されることを考えれば、その全体は「連作短編」ととらえることができるかもしれない。また手塚治虫（一九二八―一九八九年）の『火の鳥』（一九五四―一九八〇年）のように、いくつかの雑誌に連載されたのちに単行本化された作品（十一巻）は、その一冊ずつがある完結性をもつとするなら、「連作長篇」とみることも可能だろう。いずれにしても、マンガにおける「連作」については、それとしてより詳細に検討する必要があるだろう。

以上のような例がすでにしめしているように、「連作」は多様かつ多岐にわたっており、それを一義的に規定することは、むしろ不可能にちかい――いまの段階であえて規定を試みたとしても、たとえば「なんらかの枠組内に共存する複数の作品」などといった、ごく漠然としたものにならざるをえないだろう。そのうえ、たとえば『ラズモフスキ四重奏曲』についてあげたような、作品の制作時期や状況の同一性という枠組は、「時期」や「状況」のとらえかたによっては、ある作者の作品の大半をそのなかに包摂すると考えることも可能であり、「連作」という作品のあり方を他のそれから差異化するためには、あまりにも曖昧かつ模糊というべきだし、映画やマンガの場合には、たとえば興行や連載といった、作品にとってはいわば外的な要因が「連作」というありかたをなんらかの程度規定しているとも考えられる。

このようなことを考えにいれれば、「連作」に関する理論的な検討は、それとして成立しがたいとも考えられ、またかりにそれをこころみたとして、なにほどの意義があるのかさだかではないが、ここでは、そのことを承知したうえで、対象を小説にかぎり、しかもさきにあげた宮部みゆきの小説に特殊化したうえで、あえてその検討を企てるつもりだが、さしあたっては、論をすすめるための手がかりとして、とりあえずの規定をこころみることからはじめてみよう。

連作小説とは

①複数の作品のそれぞれが、なんらかの明確な枠組――ここでは同一の主人公に由来するできごとを語るという枠組――のなかにあり、②さらにそれぞれの作品が、それに特有の題名ないしは副題をもち、それとして完結し、自律していること。

①は、「連作」の必須条件としての、複数の作品を包摂する枠組に関する規定であり、②は、包摂されるそれぞれの作品のありかたにかかわる規定といえるだろう。ただこの規定では、「連作長篇」と「連作短編」の差異ないしはその関係があきらかではない。小説の場合には、「連作」という語は「連作短編」をさすことがおおいようだが、それは、いずれ述べるように、「短編」というジャンルの特性からみて、むしろ当然なのかもしれない。たしかに「連作長篇」の例は、「連作短編」のそれにくらべ

てすくないように思われるが、それはそれとして、現象として興味ぶかいのは、宮部みゆきの「杉村三郎シリーズ」のような、「長篇」と「短編」の双方をふくむ連作ではないだろうか。それに類似した例をあげれば、池波正太郎（一九二三―一九九〇年）の『鬼平犯科帳シリーズ』（一九六七―一九八九年）の大部分は「連作短編」がしめているが、なかに何編かの「長篇」――たとえば『迷路』（一九八四年）あるいは『鬼火』（一九八八年）など――をふくんでおり、またコナン・ドイル（Arthur Connan Doyle, 1887-1927）の「シャーロック・ホームズ（*Sherlock Holmes*）シリーズ」（1895-1930）にも、『緋色の研究』（*A Study in Scarlet*, 1887）や『バスカービル家の犬』（*The Hound of the Baskervilles*, 1901）などの長篇がふくまれている。ただ宮部の場合には、長篇と短編のありかたが、以降であきらかにするように、それぞれが語るできごととの関係からみて、ある意味では必然的ないし内的であるのにたいして、あとの二者の場合は、むしろ偶然的あるいは外的なものにとどまっていると思われるのだが、そのことについての論議はここではおこなわず、とりあえず「連作長篇」を中心に検討をこころみてみたい(4)。

ひとつの小説――この場合長編小説――が語る世界（できごと）が、そのものとしての特有性をたもちながらも、なおよりおおきな枠組ないし世界（できごと）によって包摂される――あるいは前者が後者を前提とする――、おそらくこのことが小説における連作のもっとも基本的な特徴であり、あるいは条件なのではないだろうか。もっとも、ここでいう「おおきな」世界は、そのものとして描きだされる（語りだされる）のではなく、それぞれの小説が語る（そのものとして語りだされる）いくつかの相対的に「ちいさな」世界のあいだの差異（連続と断絶）によって、暗示的にしめしだされる。べつにいうなら、いくつかの「ちいさな」世界のあいだに不可避的に介在する「裂目」と出会った読者の意識にたいして、事後的に――なかば無意識的に――たちあらわれるのだと考えられる。その点については、ある人物ないしは家族（集団）などの生を包括的に、そして詳細にたどることによって、それらを包摂する総体的な（おおきな）世界を、読者の（想像的な）意識にたいしてほぼ同時的に語りだしてゆく、いわゆる「大河小説」(le roman-fleuve) からは区別されるだろう。

ところで、一般のひとびとにとって「大河小説」は、そのものとしてのおおきさ（長大）とその悠揚とした語りくち、さらにはそれが語りだす世界のおおきさ（広大）あるいはふかさ（深遠）のゆえに、その十全な受容はかならずしも容易ではないかもしれない。たとえば、ロマン・ロラン (Romain Rolland, 1866-1944) の『魅せられたる魂』(*L'âme enchantée*, 1922-1933) やロジェ・マルタン・デュ・ガール (Roger Martin du Gare, 1881-1958) の『ティボー家のひとびと』(*Les Thibault*, 1922-1940)、さらにはジュール・ロマン (Jules Romains, 1885-1972) の『善意のひとびと』(*Les Hommes de bonne volonté*, 1932-1946) などにとりかかりながら、中途で挫折したひともすくなからずいるのではないだろうか。なによりも「大河小説」を可能にしていた、あるいはその前提であっただろう世界や認識のある特別なありかた――一言でいえば、世界の全体性あるいは統一性の根拠として措定された、たとえば「普遍的人間性」などのような、なんらかの理念的なものにたいする信憑――が失われてすでにひさしく、一般的な読者にとっては、その魅力（意義）のおおくは、もはや消滅したとみることもできなくはないだろう。

それにたいして、「連作」の場合には、そのような前提とはいささかもかかわりなく、しかもそれを構成するひとつびとつの小説の規模やそのありかた、さらにはそれが語りだす世界ないしできごとが、ある意味ではおおくのひとびとの認識にかなうように——端的にいえば、読みやすく、さらには読者に読むよろこびをもたらすように——つくられていると考えられる。それだけではなく、ひとつの小説によってなじみのものとなった人物（主人公）が、またべつの（つぎの）小説にも登場するために、その小説が語りだす世界（できごと）は、あらかじめ読者にとって親しいものになっており、その受容は容易なものになる——読書のよろこびが前もって保証されている——のではないだろうか。「連作」の受容は、旧知の主人公との再会のよろこびと、そのあらたな冒険との出逢いにたいする期待によって、あらかじめ——すでに——特有の気分ないし方位をあたえられているのかもしれない。

ところで「連作」のおおくは——すくなくとも宮部みゆきの場合には——、ごくひろい意味での「推理小説」(mystery story) あるいは「探偵小説」(detective story) としてとらえることができるのではないだろうか——たとえば『ぼんくら』『日暮らし』そして『おまえさん』に共通の主人公である「井筒平四郎」は、「定町廻り同心」——市井でおきた事件の捜査や犯人の逮捕などの業務にあたり、いまでいえば刑事（捜査官）に相当する——であり、『初ものがたり（一九九五、二〇一三年）』（連作短編）

の主人公「回向院の茂七」は、本所深川に住む「目明かし」――「同心」のもとで、実際の犯罪調査などにあたる――である。

というよりは、むしろ逆に、「推理（探偵）小説」のおおくは、特定の人物――警察官や探偵あるいは推理力に長けた一般のひと（素人探偵）など――を主人公とする「連作」というかたちをとることがおおく、さきにあげた例のほかにも、たとえばチェスタートン（Gilbert Keith Chesterton, 1874-1936）の「ブラウン神父（*Father Brown*）シリーズ」やクロフツ（Freeman Wills Crofts, 1879-1957）の「フレンチ警部（*Inspector Josef French*）シリーズ」あるいはクリスティ（Agatha Mary Clarissa Christie,1890-1976）の「エルキュール・ポアロ（*Hercure Poirot*）シリーズ」、さらには横溝正史（一九〇二―一九八一年）の「金田一耕助シリーズ」、最近のものとしては東野圭吾（一九五八―）の「ガリレオシリーズ」など、その例はむしろ枚挙にいとまなく、このジャンルと「連作」のいわば親近的な関係を物語っているといえるだろう。

探偵という職業は、もともと、多種多様な、しかも複雑な――一般のひとびとにとっては謎めいた――できごと（事件）とかかわり、そのうえそれを解決にもたらすのだから、当然人並みはずれた能力の持ち主でなければならないだろうし、その――しばしば錯綜した――語り（できごとの叙述）は、推理という、ある意味では論理的（客観的）な過程にささえらることによって、あらかじめその統一ないしは成就を保障されていると考えられるから、たしかに「連作」の主人公としてきわめてふさわしいというべきかもしれない。そしてこのことはまた、読書——物語の、あるいはむしろテクスト全般の受容——のよろこび（満足）の基本的な条件ともいえるだろう「多様の統一」（die Einheit in der Mannigfaltigkeit）が、いいかえれば「混沌（confusio）」と「判然（distinctio）」の調和（統一[5]）が、「連作」においては、あらかじめ、なんらかの程度、保障されていることを意味するのではないだろうか。このことはまた、いわゆる「エンターテインメント（entertainment）」として文学の、いわば基本的な特性とみなすこともできるだろうし——たとえば「波瀾万丈」のできごとと「読みやすさ」の共存など[6]——、さらにはそれと「連作」の密接な関係をそこに読みとることも可能だろうが、それらの問題については、またべつに論じられるべきだろう。

＊

ここまで「連作」について、ごく大づかみに検討をおこなってきたが、そのことをふまえたうえで、以降では宮部みゆきの「連作」について、いくぶん具体的な検討をおこなってみたい。さしあたってとりあげるのは、さきにもあげた「杉村三郎シリーズ」である。ところでこの主人公は、『希望荘』と『昨日がなければ明日もない』をのぞいた三作においては、その義父でもある今多嘉親が君臨する「今多コンツェルン」という巨大企業の広報室で社内報の編集に従事する、ごく平凡なサラリーマンとされており、その点に関するかぎり、この「連作」は「探偵（推理）小説」の範疇にははいらない。もっともこの人物は、「筋金入りのお人好《ひとよ》し」(7)であるがゆえに、あるいはむしろ、かれの上司である編集長のことばを借りれば、その「事件を引き寄せる体質」(8)のゆえに、さまざまな事件（正体の把握しがたい、謎めいたできごと）に遭遇し——なじみの喫茶店のマスターは「杉村さんが呼び寄せるんだよ、事件を」(9)という——、表むきは不本意ながら、実際はむしろ積極的にそれに関与し、結局は解決にみちびいてゆくのだから、そのかぎりでは「探偵（素人探偵）」ととらえることもできるだろうし、おそらくはそれゆえに、かれは、会社を辞したあと、ごく自然に私立探偵として生きること——探偵をみずからの職業とすること——を選択するのだろう（『砂男』『希望荘』）。このことからすれば、この連作全体をいくぶん毛色のかわった「探偵（推理）小説」とみなすことも、あながち不可能ではないだろう。

それだけではなく、この「連作」においては、探偵役を演じる主人公が、事件とその解決にいたる過程（というできごと）の全体を、「わたくし（私）」が関与するものとして、しかも「わたくし」の観点から語っているのだから、そのことを強調すれば、この「連作」は、全体として「ハードボイルド小説」としてとらえることができるかもしれない。(10)

もっとも、標準的な「ハードボイルド小説」の主人公が、たとえばレイモンド・チャンドラー（Raymond Thornton Chandler, 1888-1959）におけるフィリップ・マーロー（Philip Marlowe）や、ロス・マクドナルド（Ross Macdonald, Kenneth Millar, 1915-1983）におけるリュー・アーチャー（Lew Archer）

などのように、不屈の精神と強靭な身体をもつ、人並みはずれた人物――「ヒーロー」（hero）――であるのにたいして、杉村三郎は、お人好しで、好奇心の強い、しかしごく平凡な人物として描かれており、しかも問題の解決は、「ハードボイルド」の探偵たちが、さまざまな危険に遭遇しながらも、みずからの信念にもとづいた行動のみによっておこなうのにたいして、杉村三郎は、おおくのひとびと――たとえば本職の刑事（『誰か』）、元警察官の探偵や著名なルポライター（『名もなき毒』）、さらには調査会社の経営者（「砂男」『希望荘』）など――の助力（助言）に支えられており、両者のあいだには、かなり明確な差異が存在する。もっとも、ローレンス・ブロック（Lawrence Block, 1938-）におけるマット・スカダー（Matt Scudder）のように、あるできごとをきっかけに警官の職を辞し、失意のあまりアルコール浸けの日々を送っているという、ヒーローから普通の、むしろそれ以下のレヴェルに堕ちた――いわば「あぶれもの」としての――私立探偵も存在しており、「ハードボイルド」の現在における変質をうかがわせているが、それになぞらえていうなら、杉村三郎ははじめから日常の――通常のひとびとと変わるところのない――レヴェルに位置づけられた探偵なのかもしれない。

かつて探偵は、シャーロック・ホームズやエラリー・クィーンあるいはエルキュール・ポアロなどが示すように、人なみはずれた能力の持ち主（天才）であった。ひたすらに「足で稼ぐ」凡人探偵といわれたフレンチ警部[11]でさえも、警察――「スコットランドヤード」（Scotland Yard）――という特殊な（権威的な）組織に所属するいわばエリートであり、一般のひとびととはことなった独自の権能があたえられていた。

「ハードボイルド」は、探偵を天才という絶対的なレヴェルから引きずりおろし、あるいは警察という制度的（国家的）な枠組（権威）のそとに連れ出しただけではなく、それと同時に、物語（できごと）の「語り手」を透明な——物語の世界（時空）に遍在する——「第三者」としてのありかたから、「わたくし」という具体的な——特定の時空に局在する——ありかたへと転換（失墜）させたのだったが、この「連作」では、探偵はさらに矮小化（日常化）し、その「語り」もまた日常のそれへと際限なく近づいているのではないだろうか。

つけくわえれば、「ハードボイルド」における探偵（語り手）の行動は、周囲のひとびとに影響を、ときにはその生を変貌させるほどの影響をおよぼし、そしてまた世界（できごと）のあり方に変化を、ある意味ではいやしがたい亀裂をすらもたらすが、杉村三郎の行動は、周囲のひとびとにさほど影響をおよぼすことがなく、周囲の世界（できごと）も、そのありかたをおおきく変化させることはない——もっとも、かれ自身の小世界には、物語（できごと）の展開とともに、すこしずつ変化が生じてゆくのだが。

しかしながら、このような平凡な主人公と、かれ自身の——「わたくし」の——観点にもとづいた日常化した語りのみによって、一編の長篇にあたいする規模（大きさ）と意義（深さ）をもったできごとを作り出す（語り出す）ことが、はたしてできるのだろうか。

ところで「連作」の三冊目にあたる『ペテロの葬列』は、この「連作」のなかで最大の規模をもち（単行本で全六八五頁）、そのできごとも、主人公が巻きこまれるバスジャック事件に端を発し、「豊田商事事件」[12]をおもわせる悪徳商法事件、ひとびとを勧誘し実体のない投資に誘いこむための、いわゆる「マインド・コントロール」、それを応用した企業むけの社員研修、そして、義父である今多嘉親のことばによれば「被害者であると同時に詐欺の加担者、加害者でもある」[13]という錯綜した詐欺組織のありかた、そして、最終的には、「どんなペテロにも、振り返って彼を見つめるイエスがいる。だから我々は嘘に堪えられない。だが、自分にはイエスなどいない、イエスなど必要ないと思うものには、怖いものは何もないだろう」[14]ということばが暗示的に示しだしている、絶対的な原理ないし超越的なまなざしの欠如した現代社会のありかたにまでもおよぶ、広大なひろがりと錯綜した構造をもっており、それらすべてを見通しながら、謎（問題）にみちたできごとを、その発端から解決にいたるまで、あますところなく語りつくすためには、それ相応の能力をもち、それにふさわしい独自のあり方をする語り手が欠かせないのではないだろうか。

物語と語り手

さきに杉村三郎を「今多コンツェルン」という大企業の広報室に勤務する、ごく平凡なサラリーマンと紹介したが、それはかならずしも十分ではなかった。たしかにかれは、この大企業のなかで特別な役職についているのでもなく、まさに一介のサラリーマンにすぎないのだが、その一方で、このコンツェルンの創始者であり、いまなお会長の地位にある今多嘉親の娘——今多が亡くなった愛人とのあいだにもうけた子であり、認知をし、多額の資産を贈与はしているが、コンツェルンの世界とは無関係の位置においている、菜穂子——と結婚しており、しかも義父にあたる会長の要請で、というより菜穂子との結婚を認めてもらう条件として、このコンツェルンに勤務しているという、ごく特別な位置にある。ある意味で杉村三郎は、今多嘉親によって創造された世界——今多嘉親が、あたかもゼウスであるかのように君臨する世界——に偶然住みついた、というより住みつかざるをえなかった人間であり、たしかにある程度の自由はあたえられているにしても、その行動——したがってその語り——が、この絶対者による有形無形の支配下ないし庇護下にあることは否定できない。

そして、この連作が語るできごとには——二冊の「連作短編」のそれをのぞいて——、なんらかのかたちで今多嘉親がかかわっている。

『誰か』においては、今多のお抱え運転手であった男性（梶田信夫）が、少年の乗った自転車にはねられて死亡するという事件がおきる。杉村は、今多の要請で、父親の生涯を一冊の本にまとめるという梶田のふたりの娘を手伝うことになり、それとの関係で事故の当事者（加害者）を捜し求めることになるのだが、その過程で梶田の秘匿されていた過去のできごとかかわるひとびとに出逢い、また姉妹のあいだに生じたトラブルにまきこまれることにもなる。こうして、この小説で語られる大小さまざまのできごとは、いずれも、なんらかの程度、今多嘉親の意志にその発端をもつのだが、その解決も、結局は今多の助言によってもたらされる。

錯綜をきわめたできごとのすべてが解決したとき、そのあまりもの非合理さあるいは残酷さに心なえた杉村は、なかば無意識のうちに今多のもとを訪れ、それまでのいきさつのすべてを語る。「ご苦労だった、手間をかけさせたな」という今多のねぎらいのことばによって、杉村にとってのできごとが、そしてその語りが、ようやく終わりをむかえる。

『名もなき毒』では、連続無差別毒殺事件、土地の乱開発、住宅用の建材に含まれた化学物質に起因するシックハウス症候群などに端を発するできごとが、さらには、他人にたいして根拠のない攻撃を執拗に、むしろパラノイアックにくりかえすわかい女性――広報室にアシスタントとして雇用された原田いずみ――がもたらすさまざまなトラブル（できごと）が、錯綜した関係をむすびながら展開してゆくが、そのいずれにたいしても今多嘉親は直接的には関与しない。もっとも、その常識を欠いた行動のゆえに解雇をいいわたされた原田いずみが、その腹いせに、広報室のひとびとからさまざまな虐めを受けたという手紙を、直接今多のもとに送りつけるというできごとがあり、杉村は今多から十分に調査のうえ対処するように命じられており、そのことがいりくんだできごとの解決（とその語り）の重要な要因になっていることはたしかだろう。その意味では、ここでもできごととその語りに今多嘉親がふかく関わっていることは否定できない。

すべてのできごとがおわったあとで、杉村は、妻と娘（今多の娘と孫）を事件に巻きこんだこと——直接的には、原田いずみが杉村の自宅に乱入し、妻と娘を人質にとるというできごと——を今多に詫びるが、今多は「君を怒ってはいない。先にもそう言った。／ただ別のものを怒ってはいるよ。空しいとも思っている。〔……〕私はもう年寄りだからな」と語る。

今多嘉親にこんなことを言わせているのは、娘婿のこの私だ。少し間が空いた。義父が半歩歩み出て、私の肩を軽く二度叩いた。手のぬくもりが伝わってきた。私は義父を表通りまで送って行った。慎み深い従者として、後ろをついて歩いていった。[15]

ややながい引用になったが、この文章は、ふたりの関係を端的にあらわしているだけではなく、語られてきたすべてのできごとのおわりと、その語りの真の成就を告げているのではないだろうか。

『ペテロの葬列』が語るできごとについては、さきに簡単に紹介したが、錯綜したできごとの発端になり、また全体の語りの骨格にもなっているのは、杉村三郎やかれの直接の上司である編集長（園田瑛子）そして若いカップルなど、数人のひとびとを巻きこんだバスジャック事件だといえるだろう。犯人は、ひとりの弱々しい老人にすぎないのだが、かれの語ることば（物語）に、人質らは次第に引きこまれてゆき、やがては犯人に同調（同情）さえもする――「ストックホルム症候群」とよばれる現象だろう。犯人が警察に要求したのは、人質解放の条件として、かれが指名する三人の人物を一時間以内に事件の現場に連れてくること、それだけだった。

バスジャック事件そのものは、警察の介入による人質の解放と犯人の自死によって、あっけなくおわるのだが、事件の根柢にあるだろう問題――犯人はどのような人間であり、犯行の意図はどのようなものなのか、また犯人が人質解放の条件として現場へつれてくるように要求した三人は、犯人とどのような関係があるのか、など――は、その時点では、まったくあきらかにされていない。杉村は、ゆきがかりもあって、わかいカップルの助けをかりながら、その謎の解明にむかうのだが――そして、それこそがこの小説の語る主たるできごとなのだが――、解決の、語りの成就の糸口は、ここでもまた今多嘉親によってあたえられる。

今多は、助言をもとめて訪れた杉村にたいして、かつて自分が女子社員に命じて参加させた研修会でのできごと――園田瑛子は、いわばその当事者（むしろ被害者）であった――をとおしてえた知識、たとえば「センシティビティ・トレーニング」[16]（ST）や、そこでの「トレーナー」の役割などに関する知識にもとづいて、バスジャック事件の犯人の身分について意見を述べ、さらに豊田商事事件や企業研修などについて詳細に語って聞かせる。結局この助言が事件の全容解明の手がかりになり、またそのことによって『ペテロの葬列』の語りが成就したことはあきらかであり、その意味では、この場合のできごとの真の解決者＝語り手は、杉村によって語られるできごとには直接関与することのない、しかしこの世界内に遍在し、そこでのできごとのすべてを見通している、その意味ではたしかにゼウスにひとしい位置にある今多嘉親そのひとだということができるだろう。

たしかに事件の全容は解明され、そのかぎりでは語りは成就したというべきだろう。しかし『ペテロの葬列』は、そのあとも、ある意味では「終結部（コーダ）」に相当することがらを語りつづける。そしてそれは、ただ単にこの小説の物語のおわりをつげるだけではなく、『誰か』『名もなき毒』そして『ペテロの葬列』をとおして語られてきたひとつの世界――今多嘉親がその中心に位置する世界――との、杉村三郎の別れをも語る。そして、これ以降、杉村三郎は、全能の語り手＝今多嘉親の支えなしに、その日常的な視点からの語りをつづけることになるだろう。

＊

杉村三郎が今多嘉親の世界にはいったのは、いうまでもなく今多の愛娘菜穂子との結婚によってだった。ふたりが偶然の機会に出逢い、そして結ばれるまでの経緯と、結婚後のふたりの生活のありさまは、そのものとしてではなく、主要なできごとの語りに綯いまぜるようなかたちで、いくぶん断片的な――いわば「エピソード」とでもいうべきかたちの――語りによって、すこしづつあきらかにされてゆく。杉村と妻や娘の生活は、あきらかに今多の世界のなかで――その庇護のもとに――、しかも菜穂子が父から贈与された莫大な資産に支えられて営まれる。たとえばこの家族が住むのは、今多の広大な屋敷であり、あるいは菜穂子がそのこのみにしたがって改築した家であり、桃子が通うのは、私立の（おそらくは有名私立大学の付属であろう）小学校であり、家族が買い物にゆくのは「青山の繁華街から外れた静かな道」にある「ブティック」[17]といった具合だ。

杉村自身は、菜穂子との結婚と、その条件として呈示された今多の会社への就職を決意したとき、「今多菜穂子の夫となることは、今多菜穂子の人生の一部分になることだ、〔……〕居候には居候の役目があり、居候なりの矜持の持ちようもあるはずだ[18]」と、いわば割り切っているのだが、家庭外の（社会人としての）かれ自身の生活――かれが語るおもなできごと――の大部分が、実際には今多の世界とは直接のかかわりなしに、そして菜穂子の生活ともほぼ無縁の世界で営まれ、あるいは生じるのは、むしろ当然のことというべきだろう。今多そのひとの世界を出ることのない菜穂子と、固有の生の大半を今多の世界のそとですごす杉村とのあいだに、次第にある齟齬が、しかもそれぞれがそれと自覚しないうちに生じてゆくのも、むしろ当然なのかもしれない。そして、この齟齬は、あのバスジャック事件をひとつの契機として、決定的なすがたをあらわす――とくに菜穂子にたいして。
菜穂子は、バスジャック事件をとおして、杉村の生きかたと自分の生きかた、あるいはそれぞれが紡ぎ出す物語（できごと）の決定的な違いを自覚し、そのことがひとつのきっかけとなって、事件の処理に駆けつけた今多コンツェルンの社員――おそらくはエリート社員――と関係をもってしまう。物語のおわりに、菜穂子は、杉村にその事実を告げたあとで、離婚の意志をつたえ、杉村もそれを受けいれる。

「あなたに、あなたの人生を返したい」……そして菜穂子は最後にいう「あなたは、お父様のミニチュアになってしまった(19)」。

今多の支配する世界のなかで、しかも今多の庇護のもとにある菜穂子の夫として――居候として――生きるなかで、杉村が次第に今多の枠内に収まってゆくのは、避けられないことだったのだろう。離婚は、菜穂子にとっては、杉村をかれ本来のあり方に戻すためのものであり、杉村にとっては、今多の世界で生きるうちに見失ってしまった本来の自分に回帰するための、余儀ないものだったのだろう。
ここでいう齟齬は、おそらくふたりの出逢いの時にすでにきざしはじめており、ふたりの生活をとおしてすこしづつおおきくなっていったのではないだろうか。三冊の連作のあちらこちらにちりばめられたふたりの生活についてのエピソード的な語りは、実はその齟齬をすこしづつほのめかしていたのかもしれない。そして、直接に語り出されるできごとのむこうで次第に深まってゆく齟齬の、おそらくはなかば無意識的な読みとりは、読者の内部に、ある微細な感情の流動を、つまりはある気分を生みだしてゆくのではないだろうか。『誰か』『名もなき毒』そして『ペテロの葬列』は、その主人公が同一であるがゆえに「連作」としてとらえられたのだったが、さきに指摘したエピソード的な語りのはたらきによって――エピソードによる暗示的な語りの技法によって――、みっつの小説が、その底流として、おなじひとつの気分をもつこと――おなじように気分づけられていること――も、このみっつを「連作」という枠のなかにおくことに寄与しているとも考えられるだろう。

なおつけくわえれば、上述のことから、主人公の同一性などとともに、複数の作品をつらぬく気分の同一性、あるいは複数の作品を特徴づける語りの技法の同一性をも、「連作」という作品のあり方を規定する、ある意味では副次的な条件としてとらえることができるだろう――このことは、必要な変更をくわえれば、音楽などのような非描写的なジャンルにおける「連作」の場合には、むしろ主要な条件になるのかもしれない。

この連作が杉村三郎という人物によるできごとの語りであることはあきらかだが、それはまた、当然のことながら、杉村三郎という人物についての語りでもある――偶然出会った女性への愛ゆえに、それまでの自分の世界とはまったく異質の世界のなかで生きることを決意し、そして、種々のこころみのあと、その世界と訣別するにいたった、ひとりの男の物語……。この連作はまた、異質の世界にはいることによって一旦は放棄した自己を、この世界のなかで遍歴を重ねることによって次第にとりもどし、結局はこの世界から出ることによって自律を成就するにいたったひとりの男の、ある意味では成長（Bildung）の物語ととらえることも可能であり、その意味で——その意味においてだけ——、ひとつの「教養小説」（Bildungsroman）といえるかもしれない。

*

杉村の「語り」は、今多の世界にはいることによってはじまったというべきだろう——連作の最初の作品『誰か』では、杉村はすでに今多の世界のなかにあり、しかも今多の依頼（要請）によって、あるできごとに関与し、やがてそれについて語ってゆくのだから。それまで、杉村は「あおぞら書房」という児童むけの図鑑や絵本を専門にする出版社で、編集の仕事についていた——「好きな仕事だった。定年まで働きたいと思っていた」[20]。編集とは、物語ることそのものではないにしても、まずはすでに語られたもの（物語）を読み、さらには読者——その代表としての編集者（わたくし）——が読みやすいようなかたちに整える（書きなおす）ことであり、つまりは語りなおすことではないだろうか。いくぶん極端ないいかたになるかもしれないが、編集者とは、語りなおすという欲望にとりつかれた存在なのかもしれない。

出版社を辞めた――語りなおすという欲望をいったんは捨てた――杉村にとって、今多の世界にはいることによって出会ったできごとのおおくは、未知の、それとしては理解困難なものであり、語りなおす――語ることによって認識可能なものに変換する――という欲望をあらためて喚起するものではなかっただろうか。杉村は、以前から、ある意味ではかれ本来の世界において、すでに物語とかかわっていたというべきだし、そのことを強調すれば、物語の語り手としてきわめてふさわしいといえるのかもしれない。「杉村さんが呼び寄せるんだよ、事件を」[21]というある作中人物のことばは、杉村が、語りなおすという欲望を充足するにふさわしいできごととの出逢いをもとめて、無意識のうちにその世界内を彷徨するありさまを、むしろ的確にとらえているのではないだろうか。

『誰か』は、杉村が、今多の依頼で、その私的な運転手だった梶田信夫の死亡事故現場をおとずれるというできごとの叙述にはじまるのだが、その叙述は、まもなく、杉村が娘の桃子（四歳）に毎晩『ちいさなスプーンおばさん[22]』を読み聞かせるというできごとの叙述にうつる。そして、桃子が「お話」を聞きながら眠ってしまったあとに、杉村はひとり語る――「桃子とは約束していた。どんな本でもお父さんは自分だけ先に読んだりはしない[23]」。あるいは杉村は、それと自覚することなく、桃子とおなじ物語を読み、そして語ることを――おなじ物語の世界で生きることを――望んでいるのだろうか。

『ペテロの葬列』の結末ちかくでは、杉村と桃子（七歳）のあいだで、『指輪物語』についての会話がかわされる。

――桃子は「帰ってくるよね」いつかは帰ってくるでしょ？　と言った。『ロード・オブ・ザ・リング』[24]だ「フロドとサムみたいに。王様みたいに」『指輪物語』だ。〔……〕「そうだね。帰ってくるよ」〔……〕「お父さんも〈滅びの山〉へ行くんだね」〔……〕「お父さんが帰ってくるの、待っている」[25]――。

そしてこの物語は、故郷の町にむけて旅立つ杉村の、つぎのようなことばで閉じる。

故郷へ帰る列車なのに、私は出発するような気がした。靴紐を締め、荷物を背負い、装備を整えて旅立つのだ。／道は遠い。だが旅の目的はわかっている。／私の、滅びの山は、どっちだ。[26]

「滅びの山」(Mount Doom)、それは、あらゆる否定的な力の根源ともいうべき「ひとつの指輪」(The One Ring)の鍛造（生成）の場であり、そしてその破壊（消滅）の可能な唯一の場でもあった――『指輪物語』[27]は、そのおわりちかく、指輪の破壊を託されたフロド（Frodo Baggins）とサム（Samwise Gamgee）の困難な旅と、その任務を終えたふたりのその後の生を語る。[28]杉村にとっての「滅びの山」への旅とは、ある意味では、力の根源ともいうべき今多嘉親が君臨する世界（物語）から出て――今多の支配下にある自己を否定して――、本来の自己として再生するための――べつにいえば、自分に特有の、そして自分自身が唯一の語り手であるような世界（物語）を見出すための——旅なのだろうか。いずれにしても、杉村が物語の生成と消滅の戯れのなかにいることは、たしかではないだろうか。

以上のことから、この連作においては、今多の世界での杉村の生のいとなみ——杉村が語る物語——が、それとして明示はされていないにしても、かれが桃子とともに物語を紡ぐ過程とわかちがたく重なりあっているとみなすことができるのではないだろうか[29]。そしてこのことは、この連作の全体が、いろいろなレヴェルの物語が混じりあい、むしろ綯いまぜられながら展開するひとつの過程であること、べつにいうなら、大小さまざまの物語（テクスト）によって織りなされたもの（テクスト）であることを意味しているのかもしれない。そしてこのことは、この連作にかぎらず、宮部みゆきの他の小説にも見出されるものであり、あるいはむしろ小説ないし物語全般に共通するものとも考えられるのだが、このことについては、またべつに論ずべきだろう。

＊

さきに、この連作が杉村三郎という人物による語りであるとともに、杉村三郎という人物についての語りでもあると述べた。ここであらためて、そして重複をいとわずに、杉村三郎という人物について考えてみたい。

杉村三郎は「山梨県北部の桑田町」で生まれ、高校卒業までその地ですごし、その後東京の大学に進学、卒業後は、学生時代にアルバイトをしていた「あおぞら書房」という児童書専門の出版社で、編集者としてはたらいていた、ごく平凡な経歴のサラリーマンだった。その杉村が、偶然の機会に知りあった今多菜穂子と結婚し、菜穂子の父今多嘉親が会長として君臨する「今多コンツェルンという一大グループ企業の一員」になるのだが、その菜穂子は「会長の外腹の娘」であり、今多の配慮で、コンツェルンそのものとは無関係な「気軽」な位置におかれている。杉村が菜穂子と結婚できたのは、ある意味では彼女のこの「気軽」な、あえていえば中心から遠い位置ゆえとはいえないだろうか。そうだとすれば、今多の世界（コンツェルン）で杉村が生きる場は、その世界の辺隅にしかありえなかったのだろう。というより、コンツェルン内での杉村の仕事は、グループ企業の社内報『あおぞら』の編集だったのだから、「菜穂子との結婚によって私の生活環境は激変したが、あおぞらの編集者であることは変わらなかったわけだ(30)」。

かわることなく「あおぞら」の編集者でありつづけること、そのことは、杉村の真の位置が、今多の世界の辺隅というよりは、むしろ今多の世界——あえていうなら「社内報あおぞら」の編集者として生きる世界——と、かつて杉村が生きていた世界——あえていうなら「児童書出版社あおぞら」の編集者として生きていた世界——との「はざま」にあることを意味しているのではないだろうか。そして、「はざま」で生きるということは、ふたつの異質な——ときに対立的でもある——世界をへだてる深淵にわが身を宙づりにすることにほかならないだろう。そして、このような位置のゆえに、杉村は、かれのごく身近な世界のちいさなできごとから、ときにはこの国（社会）のありかたに起因するようなおおきなできごとにいたる、多種多様なものと、ごく自然にかかわるのだろう。このような人物を主人公（語り手）に選んだこと、おそらくそのことにこの連作の成立の、そしてあえていえば成功の、もっともおおきな要因があるのかもしれない。

それはそれとして、ふたつの世界のいずれにも属することなく、しかし同時にふたつの世界のいずれにも身をおくこと、そのためには、おそらくきわめて身軽なしぐさが、あえていえば、深淵のうえで綱渡りをする軽業師のそれにも似た危険なしぐさが要求されるのではないだろうか。軽業師がそのしぐさを止めるとき、かれは深淵に墜落せざるをえないだろう(31)。にもかかわらず、軽業師は、いずれはそのしぐさを止め、あたりまえの――ひとつのたしかな世界のなかでのみ生きる――ひとに戻らなければならない。

杉村自身、自分のいまのありかたが、確固としたものではないこと、いつかは失われざるをえないことを自覚しているといえる。

私はふと、心の一部が自分から漂い出てゆくのを感じる。空いた部分に、非現実感がしみこんでくるのを感じる。これが本当に私の人生なのか。こんな状況を、享受していいのだろうか。その見返りに、私はなにかを差し出してしまったのではないか。……「可哀想《かわいそう》だけど、あんたのこの結婚は長続きしない。良いことがたくさんあるだろうけど、長く保《も》つ関係じゃないよ」……私はこの姉の予言を、意図しないときに、不意打ちのように思い出すことが増えた。私のなかの、今の暮らしに対する非現実感とは裏腹に、この予言は、想起されるたびに現実味を増してゆく。私はそれを押し返し、振り払おうとしている。[32]

『ペテロの葬列』という小説だけを読んだひとは――「連作小説」の場合、そのような読みかたももちろん可能である――、杉村と菜穂子の離婚が、その結末で、きわめて唐突に、しかもごく簡単に述べられていることに、あるいは驚きをおぼえ、また説得力を欠くと感じるかもしれない。[33]傍からみればいわば絵に描いたように幸せな家庭そのものに、その崩壊の原因が潜んでいることを読みとるのは、あるいはむずかしいかもしれない。しかし、作者が、杉村三郎をすでに述べたように形象化したとき、その崩壊はむしろ必然的なものとしてそこに織りこまれていたのではないだろうか。逆にいえば、作者は、この夫婦のできごとを語りつづけるかぎり、いずれはこの夫婦を破局にもたらさざるをえなかったのではないか。しかしその語りはまた、離婚――夫婦関係の終焉――というできごとにとどまらず、ここまで語りつづけてきた物語（できごと）そのものの終焉を告げるものでもあった。

とはいえ、離婚後も――今多の世界から出たあとも――、杉村は生きてゆかなければならない。作者は、杉村の結婚生活が破綻にいたる過程を、三冊の連作をとおして、エピソード的に語りながら、破綻後の杉村の生き方をもそれとなく仄めかしてゆく。

あるできごとをきっかけに、杉村は、北見という、警察官の仕事を捨てて私立探偵として生きることを選んだ――「職を捨てても、この世の解毒剤になる道を模索していた」(34)――男性と知りあい、その生き方に深い感銘をうけるが、当の北見は、病いのためまもなく世を去ってしまう。北見の没後にその家を訪れた杉村は、北見の生き方を回顧しながらひとり語る。

「――早すぎましたね。」／今度は声に出して私は言った。「あなたには、まだまだやらなきゃならないことがありました」／それに応えて、北見氏が何か言うのが聞こえた。かすかだが確かに、耳の底に響いた。北見氏の声を借りて、私の心が囁いたのかもしれなかった。／――だったら、あなたがやってくださいよ。(35)

杉村は、いろいろなかたちで知りあったひとびと――女子高校生、姪、刑事、調査会社の社長など――から、「私立探偵」にむいているといわれ、かれ自身はそれを否定してきたのだったが、すこしずつ、なかばは無意識のうちに、それをいわば「天職」(Beruf)と感じはじめたのかもしれない。そして、

「連作」の四作目『希望荘』と五作目の『昨日がなければ明日もない』は、探偵という仕事をみずからの職業として自覚した杉村のできごとについて語る。

もともと杉村が探偵役をつとめるようになったのは、意図的というよりは、むしろその「事件を引き寄せる体質」のゆえだった。かれは体質的な、いうならば生れつきの探偵であり、ある意味では無意識のレヴェルですすで探偵であったというべきかもしれない。その杉村が、この連作をとおして生きてゆく過程で、次第に探偵であることを意識してゆく、べつにいうなら、職業（Beruf）としての探偵として自立してゆく。そのことを強調すれば、この「連作」は、さきにも述べたように、一種の「自己形成のものがたり」（Bildungsroman）とみなされるのではないだろうか。

「エンターテインメント小説」と日常

たしかに「連作小説」は、それを構成するひとつびとつの――一冊ごとの――小説によって、ひとりの人物の、その時期その時期のできごとを語り、それぞれの「連なり」をとおして、その人物の総体的な生のできごとを語ろうとするのだろうから、その点を強調するなら、たしかにそれはかつての「教養小説」に、あるいは「大河小説」にすら通じるかもしれない。もっとも、かつては「教養小説」の根柢にあっただろう、そしてまた「大河小説」の基盤を形成していたと考えられる、なんらかの理念的なものにたいする信憑は、そこではもはや失われているというべきだった。それだけではなく、かつて小説がはたしていた――あるいはすくなくともそう自負していた――「人生の教師」としての役割も、あるいは、いかなる既存の枠組をも超え出ようとする――思想的にも、感性的にも、前衛の位置にみずからをおこうとする――姿勢も、すべて断念され、あるいは放棄されているのだろう。かつてパルナッソス[37]の山の頂きに住まいし、その高みから俗界を見おろしていた小説家は、いま日常の世界に降りて俗なるひとびとに入りまじり、そのひとびとの認識のレヴェルにみずからを適合させ、その要請に応えよう、その欲望を満足させようとするのだろう。それは、一言でいえば、「芸術」としての小説から「エンターテインメント」としての小説への転換である――ある種のひとびとは、それを頽落とみるかもしれない――。いずれにしても「連作」は、この意味でも「エンターテインメント」としての小説にふさわしいありかたではないだろうか。

私立探偵として自立し、とくべつな庇護――なんらかの「おおきな」世界のささえ――もなしに、日常の世界で生きてゆかなければならない杉村が出会う――調査を依頼される――できごとは、当然かれ自身が現に生きている世界で生じたものであり、かつてのような、ゼウス的存在によって統御された「おおきな」世界内のできごととはまったく異質の、それとしての「おおきさ」も「ふかさ」も欠いた「ちいさな」ものなのだろうし、また、一般のひとびとの理解のレヴェルをとおく超えたものでもありえないだろう。一言でいえば、それは、日常のレヴェルにおいて、そのときどきに思いがけなく生じてはやがて消滅してゆく——つまりは偶発する——ものにほかならず、たしかにその偶発性のゆえに、ある種の理解しにくさ——謎めいたもの——をもつのだろうから、その理解のためには、なんらかの程度通常のレヴェルを超えた能力が必要になると思われるが、しかしその能力は、たとえば天才（Genie）のそれのような、絶対的なものである必要はまったくなく、おそらくは「能才《タレント》」（Talent）のような、相対的なものでたりるのだろう。(38)問題は、このような「ちいさな」できごとが、それとして語るにあたいするかどうか、ではないだろうか。

わたくしたちがそこで生きている世界は、すみずみまで制度化され、あるいは慣習化されている——コード化されている——といえるだろう。日常の世界においては、ほぼすべての行為ないしできごとは、一定のコードにしたがっており、それゆえに、無数のひとびとが、さほどの軋轢なしに、ともに生活してゆけるのだろう。日常の世界では、コードをはずれた——偶発する——できごとは、むしろまれであり、おおくのひとはそれを意識さえしないだろう。むしろそれゆえに一部のひとびと——相応の「才能」をもつひとびと（能才）——は、そのことに気づき、なぜこのようなことが生じ、またどのような結果を生むのかという疑問をいだくのではないだろうか。偶発性とは、あるみかたをすれば、なんらかのできごとが、さしたる理由もなしに、隙間なくはりめぐらされた制度ないし慣習の編み目から、たまさかにはずれていることにほかならないだろうから、偶発するできごとは、それをみるみかたあるいはそれを語る語りかたによっては、日常のなかに埋もれている（秘匿されている）なにものかを露呈する可能性をもつのではないだろうか。偶発するできごとに着目し、それを語ろうとするのは、このような可能性に敏感なひとびと――「能才」――ではないだろうか。

ところで、偶発する――「ちいさな」――できごとにかかわる「語り」は、それに相応する規模（展開）をもつだろう。端的にいえば、それは、たとえば“roman”のような「長篇」ではなく、“novella”（“nouvelle”）のような「短編」というありかたにこそふさわしいのではないだろうか。[39] なぜなら、“novella”あるいは“nouvelle”という語は、もともと「あたらしい」――そのときどきに生じる――という意味をもち、そこから、そのようなできごとを語る物語という意味に転化したと考えられるのだから。もっとも、この語（概念）を明確に規定することはかならずしも容易ではないが、たとえば「単一の事件ないし比較的狭い範囲における事件の関連とそこに実現されるかぎりの心理的過程の表現を主とする小規模の小説[40]」という規定などは、「短編」の特徴を端的にとらえたものとして、参考に価するのではないだろうか。それは「ロマン」のような壮大な展開を欠くかわりに、比較的緊密なまとまりを実現しやすく、そのために一定の枠組内での、他の同類のものとの共存――「連作」というありかた――になじみやすいと考えられる。なおいくつかの“novella”を、（ひとりないし複数の）語り手の同一性という枠組のなかにおさめた、『千夜一夜物語（アラビアン・ナイト）』や『デカメロン』（*Decameron*,1448-1953）などのような、いわゆる「枠物語」も、ここでいう「連作」としてとらえることができるだろうが、それはまたべつに考えるべき問題だろう。

いずれにしても、私立探偵として独立したばかりの杉村三郎が出会い、そして語るできごとが、「連作短編」というかたちに収まっているのは、ある意味では当然というべきかもしれない。

『希望荘』で語られるいくつかのできごとは、そのいずれも、杉村三郎が身近なひとびとから調査を依頼された、そしてそのひとびとの身辺でおきたものである。たとえば「聖域」では、杉村の探偵事務所のむかいにある薬局の夫人の口ききで調査を依頼されたできごとが、「希望荘」では、探偵事務所の家主の知り合いから調査を依頼されたできごとが、また「砂男」では、離婚後に杉村がすごした故郷の町で出会ったちいさなできごとがきっかけになってかかわることになった事件が、そして「二重身《ドッペルゲンガー》」では、「希望荘」で語られたできごとの過程で知りあった少年の友人だという少女に調査を依頼された事件が、それぞれ語られる。宝くじや宗教的なカルトの問題が提起されている「聖域」はべつにして、他の三編は、いずれもなんらかのかたちで殺人事件をあつかっているが、杉村の語りの要点は、どの場合にも、いわば絶対悪としての殺人そのものというよりは、むしろ犯行の偶発性や、社会的な弱者としての犯人の心性にあるといえるだろう。

『昨日がなければ明日もない』においても、杉村が語るできごとは、基本的にはかれの知人の媒介によってもたらされたものといえる。それは、自殺未遂で入院中の娘との接触をその夫に断られているという女性からの、事情を探って欲しいという依頼をきっかけとするできごとであり(「絶対零度」)、あるいは、従姉の結婚式にひとりで出席するという少女の付き添いを、知人から依頼されたことに端を発するできごとであり(「華燭《かしょく》」)、さらには、知人の娘の同級生だという少女の母親の、きわめて強引な依頼によってかかわらざるをえなくなったできごと(「昨日がなければ明日もない」)なのだが、それらのできごとの「語り」によってあきらかにされるのは、たとえば自殺未遂行為の背後にひそむ、大学のクラブ活動における先輩・後輩関係にもとづいたゆがんだ人間関係がもたらした悲惨な、あるいは残虐な行為であり、高級ホテルの式場で同時におこなわれるはずの二組の結婚式が、いずれも花嫁側の事情によっておこなわれずにおわるというできごとをとおして証される、当事者の意向を無視した婚姻のありかたであり、自分の利益にもとづいてしか他者との関係を構築できない女性のもたらす、さまざまなトラブルと、その結果としてのきわめて悲惨なできごとである。

「杉村は警察にコネもない。だから扱えるのは大事件ではなく、直面するのは社会的な『悪』とか構造的な『悪』よりも家庭内、友人関係、会社の中でねじれてしまった人間関係から生まれる『悪意』。そういった身近な『悪意』によってこじれてしまった関係を杉村に解決させるというのが自然な流れでした」という著者自身のことばは、(41) この二冊の「連作短編」の特徴を、きわめて率直かつ的確に述べたものといえるだろう——杉村がかかわるできごとは、たしかに、日常の世界で偶発するできごとをとおして現れる、ひとびとのこころにひそむ「悪意」と、その「悪意」ゆえにゆがんでしまった人間関係の解明にいたる過程にほかならないのだから。

しかし杉村は、問題を解決するだけではなく、それについて語りもする。というより、問題の解決とそれについての語りは、ここでは不可分の関係にあるのだろう。ところで、さきに編集者としての杉村について述べた際に、「語りなおしの欲望」についてふれた。杉村は、さまざまな機会に出会ったひとびとが紡いだ、一見したところ不可解な物語を、かれなりに読みとき、そして――自分自身に、さらにはひとびとの理解にふさわしいように――語りなおしたのではないだろうか。くりかえせば、他者によってすでに紡がれた物語を読み解き、そして語りなおすこと、おそらくそれこそが杉村にとっての探偵といういとなみだったのだろうし、それはまた、物語というものの、原初的なすがたをほのめかしてもいるのだろう。いっさいの論証を省略した、そのかぎりではたんなる憶測にすぎないのだが、物語とは、先行する――すでに紡がれた――物語を聞き（読み）、そしてふたたび語る（書く）ことではないだろうか。

ある物語の起源は、先行するなんらかの物語にあるのだろうし、その先行する物語はまた、さらにそれに先行する物語に起源をもつのだろう。起源の連鎖はこうしてはてしなくつづくだろうから、つまるところ、どのような物語も、それに先行する無数の、というよりありとあらゆる物語にその起源をもつというべきことになるだろう。そして、まさにこのような関係について、ひとりの少女の異界での冒険というできごとをとおして語ったのが、ほかならぬ宮部みゆきの『英雄の書』（二〇〇九年）であり、あるいは『悲嘆の門』（二〇一五年）ではなかっただろうか。

　このことについては、べつのテクストで簡単にふれておいたので[42]、ここでは繰りかえさないが、ただそのことと、ここでの簡単な検討をもとにして、物語を「ふたたび語ること」と規定し、さらに物語そのものの展開の過程を、「ふたたび」のありかたの変容としてとらえ、それをつぎのようなシェマでしめすことは、すくなくともひとつのこころみとしては、可能ではないだろうか。

　そのものとしての語ること［世界の起源的な物語としての「神」（絶対的・超越的な存在）のことば、物語の絶対的な始源］⇅ふたたび（くりかえし）語ること［（神に選ばれ、神にみずからを捧げた）透明な語り手による、世俗のひとびとのための、神のことば（物語）の忠実な語り（反復）＊＝神話の起源］↓語りなおすこと［「ふたたび語る」ことの反復過程で余儀なく生じるひずみの是正］↓語りかえること［「語りなおし」の反復に由来するひずみの蓄積そして拡大、その是正ないし修復］↓語り出すこと［「語り手」の具現、語りへの主観の介在、「神話」から「叙事詩」への移行］↓「語り」にたいする主観の介在の度合の強まり［自律する「語り手」、主観性の優越化］↓語りづくること［創造（creation）としての物語、創造的主体としての「作者」の誕生、近代的な叙事詩としての「小説」の成立］↓語ることを語ること［自省し、そして変容する小説、近代的な主観性（主体性）の変容と解体、

「作者」の死」。

＊　はじめてできごとを語ろうとしたひとが、自分自身の語りが、想像的に措定した絶対的存在（神）の語りの忠実な反復だとすることによって、その真実性（信憑性）を主張しようとしたと考えられる。

なおこの過程については、べつの観点からいくぶん詳細な記述をこころみたことがある[43]。いずれにしても、宮部みゆきの「物語」が、「物語」そのものへの、あえていうなら根源的な反省と分ちがたく結びついていること、べつにいえば、二者が相互に戯れあっていることは、たしかではないだろうか。

「連作」について語ろうとしながら、論議が「物語」一般に拡散してしまったきらいがあるが、これは「連作」を物語のひとつのあり方として捉えようとした以上、避けられないことだったのかもしれない。

ところで「連作」は、さきに指摘したように、「連作短編」と「連作長篇」、そしてこのふたつが混在するものという、みっつのタイプに大別される。ここでおもにとりあげた「杉村三郎シリーズ」は、第三のタイプに属すが、このタイプで問題にすべきは、「連作短編」と「連作長篇」の関係のありかただった。おなじタイプに属す『鬼平犯科帳』シリーズや『シャーロック・ホームズ』シリーズの場合、その関係は、執筆、雑誌連載あるいは出版などといった、「物語」そのものにとってはいわば外的な――偶然的な――ものが、なんらかのかたちで関与しているとみることもできるだろうが、「杉村三郎シリーズ」の場合には、「短編」と「長篇」というありかた、そしてこのふたつの関係の根拠は、ここまでの概略的な検討からもあきらかなように、「物語」そのものに内在する、その意味で必然的なものというべきだった。「連作」を構成する「短編」ないし「長篇」のそれぞれと、それらの関係が、そこで語られるできごと（物語）そのものにその根拠をもつことによって、他の物語のありかたからはっきりと区別されるという点を強調すれば、この場合の「連作」は、そのかぎりにおいて、あきらかに物語のひとつのありかた（型）ととらえることができるだろう。かりにそうだとすれば、「杉村三郎シリーズ」とおなじようなありかたをした物語が、宮部みゆきのそれとはべつに存在するとみるべきことになるが、はたしてどうだろうか。

もうひとつの「連作小説」

藤沢周平に『用心棒日月抄』という連作小説がある。この連作は、「杉村三郎シリーズ」と同様に、「連作短編」と「長篇」から構成されているが――「連作短編」がみっつ、「長篇」がひとつ――、その全体をとおして主人公として活躍するのが、北国のとある小藩に仕える青江又八郎という剣の達人である。

第一作『用心棒日月抄』（一九七八年）では、偶然の機会に筆頭家老大富丹後の藩主毒殺の企てを知った又八郎が、そのことを許嫁由亀の父親であり徒目付である平沼喜左衛門に訴えたところ、大富の一派に属していた平沼から突然斬りつけられ、反射的に平沼を切りたおし、そのまま脱藩したあげく、江戸での浪人暮らしを余儀なくされるという、一連のできごとが語られる。

又八郎は、江戸は浅草鳥越の裏店に住まいし、国元からつぎつぎにさしむけられる刺客との死闘をくりかえしながら、暮らしのたづきとして、口入れの相模屋吉蔵が紹介するさまざまな用心棒役をつとめるのだが、そこで生じたできごとのひとつびとつが、それぞれひとつの短編として語られてゆく。また又八郎は、用心棒稼業の過程で、間接に、あるいは直接に、赤穂浪士と関わるのだが、その関わりから生じる大小さまざまのできごとが、各短編を連ねる役割をはたしている――たとえば冒頭の短編「犬を飼う女」では、江戸城内での、浅野内匠頭による吉良上野介への刃傷事件が、町の噂というかたちで語られており、また最後の短編「最後の用心棒」は、赤穂浪士の吉良邸討ち入りの朝、故郷にむけて江戸を旅立つ又八郎のありさまを語ることからはじまっている。

赤穂浪士の討ち入りの二日ほどまえ、又八郎は大富派に対立する中老間宮作左衛門から帰国を要請する手紙を受けとり、江戸を発って国元に帰ることを決意する。国元への道中、又八郎は佐知と名乗るわかい女性に襲われるが、争いのなかであやまってみずからを傷つけた佐知を助け、ちかくの村までつれてゆく。帰国した又八郎は、老いた祖母とともに家を守っていた由亀と再会したあと、間宮の命にしたがって大富を斬る。

脱藩と帰国という明確なできごとで区切られた枠組のなかで、用心棒として遭遇したさまざまなできことが語られ、さらにそれを縫うように、赤穂浪士のできごとが語られてゆく。連作の第一作は、このようにきわめて明確かつ緊密な構造をもち、しかも暗示される藩内の派閥争いの余波、そして突然登場した佐知という謎めいた女性の存在が、ひとつの余韻となって響き、物語の以降への展開をうかがわせてもいる。

第二作『孤剣　用心棒日月抄』(一九八〇年)では、又八郎は、中老間宮から、筆頭家老大富の一族である大富静馬によって盗み出され、しかも幕府隠密がそれを狙っているという藩の機密文書を、脱藩して行方をくらましたままの静馬からとりもどすように命じられる。ことが藩の秘事にかかわるという理由で、又八郎は脱藩というかたちをとるよう間宮に命じられ、由亀との慌ただしい婚姻の式を終えたあと、静馬を追って江戸にむかう。脱藩して浪人となった以上、日々の暮らしの糧《かて》をえるために、又八郎は、またもや相模屋に頼みこんで用心棒稼業を続けざるをえない。江戸藩邸の門前で偶然佐知と再会した又八郎は、静馬の探索に力を貸してくれるよう依頼するが、佐知はそれを引き受けるとともに、自分が「嗅足組」という藩主直属の隠密組織の棟梁のむすめであることをあかす。

用心棒として出会ったできごとを語るいくつかの短編、それを通貫するように、又八郎と佐知の静馬との、そして静馬を追う幕府隠密との闘いが語られ、さらに又八郎と佐知の関係がしだいに親密なものになってゆく過程が、各短編をつらぬいて、あたかも通奏低音のように語られてゆく。ようやく静馬を倒し、機密文書を手にいれた又八郎は、帰国の途につく。第二作は、「それはどこか胸を苦しくするような思い出だった。又八郎は顔をうつむけ、ゆっくり足を運んだ」という、佐知と過ごした一夜を回想する又八郎のことばで、ある余情をただよわせながらおわる。

第三作『刺客　用心棒日月抄』（一九八三年）では、藩の派閥争いが依然としてつづいていることが、その冒頭で仄めかされる。又八郎は、佐知の父谷口権七郎から、前藩主の異母兄で藩主毒殺事件の黒幕とされる志摩守（壽庵）保方が、いまなお藩主の座を狙っており、そのために「嗅足組」を抹殺して、みずからの意のままになる隠密組織を作ろうと企て、さしあたって女性メンバーの多い江戸の「嗅足組」をやり玉にあげようとしていることを知らされ、そのうえで佐知と協力してそれを防ぐために、隠密に江戸に行くことを要請される。こうしてまたもや浪人となった又八郎は、あいかわらず用心棒稼業をしながら――そのいきさつは、前二作と同様、短編のかたちで語られてゆく――、その一方では国元からおくられてきた刺客――そのなかには藩屈指の使い手とされる筒井杏平もふくまれている――と、佐知の助力をえながら死闘をくりかえしたあげく、最後に筒井をたおし、ようやくあたえられた任務をはたす。

そのあと又八郎は佐知と一夜をともにする――「『青江さまには江戸詰ということがおありでしょうね』『江戸詰？　それはあるだろうな』『私を、青江様の江戸の妻にしてくださいまし、ひとには内緒で』ひと息に言ってから佐知はくすくす笑った」。

又八郎は帰国し、中老間宮の企てにしたがって、壽庵保方を斬る。

ここまでみっつの作品をつらぬいていた——ある意味ではその「主題」でもある——藩のお家騒動は、こうして決着をみるが、もうひとつの、いわば「第二主題」とでもいうべき又八郎と佐知のできごとは解決されることなく、「連作」は曖昧なままに、しかしある余韻をひびかせながら、ひとまず閉じる。


第四作『凶刃　用心棒日月抄』（長篇、一九九一年）が語るのは、第三作から十六年ほど後のできごとである。[44] 青江又八郎自身も、口入相模屋吉蔵の娘いねから「青江さまはほんとに姿のいいご浪人さんでしたのに……まあすっかりおなかもお出になられて……[45]」といわれるような年齢に達し、「近習頭取《きんじゅうとうどり》という役職について百六十石という禄を喰んでいる[46]」。

冒頭では、藩主の意向にしたがっておこなわれる「嗅足組」の解散の式の模様が、簡潔に語られる。藩用で江戸におもむくことになった又八郎は、現在の組の棟梁から、江戸の「嗅足組」に解散の件を伝えることを依頼され、十六年ぶりで佐知と再会することになる——解決されずにおわった「第二主題」が暗示的にそのすがたをあらわす。

『凶刃』と前三作との決定的なちがいは、又八郎の江戸ゆきが藩命によるものであり、したがって「用心棒稼業」の必要がないことだろう。前三作での又八郎は、基本的には武士の世界にありながら、江戸では浪人として裏長屋で町人とともに暮らし、用心棒として町人社会のできごとかかわるというあり方——ことなるふたつの世界のいずれにも決定的に属さず、といってそこから離れもせず、ふたつの世界のはざまで、いわば宙づりになって生きるという、あたかも軽業師のようなふるまい——を余儀なくされていた。そして、そのことがもたらすさまざまなできごとを語るのに、「連作短編」というありかたがふさわしいことは、すでに述べた。

『凶刃』の世界では、藩主の側室の出自の秘密を握る藩の要人、その証拠を掴もうと暗躍する幕府隠密、それを阻止しようとする「嗅足組」の残党、そして佐知の協力をえながら独自に秘密を探る又八郎などのからみあいから、さまざまなできごとが続発してゆくのだが、その錯綜した、しかも相互にからみあったあり方のゆえに、これらのできごとがもはや「連作短編」という枠組におさまりきれないことは、あらためて指摘するまでもないだろう。

過ぎ去った十六年という歳月の重さは、たとえば用心棒稼業での又八郎のよき相棒であり、いわば生死をともにした細谷源太夫のいまのすがたに、象徴的にあらわれているのではないだろうか。ようやく手にした定職をおのれのわがままのために失い、それまでけなげに夫を支えつづけた妻女も、絶望のあまり心を病んだままに世を去り、しかも、五十代なかばにして、酒毒におかされながらなお用心棒として生きるしかない細谷の落魄したすがたは、口入相模屋吉蔵の病死とともに、かつて又八郎の生活を支えていた——そしてここまでの物語（できごと）の生成の根拠でもあった——用心棒稼業が、もはやいかようにしてもありえないことを物語っている。そして、十六年というながくおもい歳月のもたらしたものを語るためにも、そして「第二主題」をともかくも解決にもたらすためにも、『凶刃』は長篇というかたちをとらざるをえなかったのだろう。

すべてのできごとがおわったとき、それと期をいつにするように細谷は北国の藩に仕える長男を頼って越前に旅立ってゆき、佐知は出家して尼になるつもりだと又八郎に告げる。

若かった用心棒時代から心をゆるしてつきあって来たすべての人々と別れ、そしていまは最後のひとりと別れるところらしい。そう思ったとき、又八郎の胸を突然に悲傷の思いがしめつけた。咳払いをひとつして、又八郎はでは行くぞと言った。「身体をいとわれよ。丈夫であれば、また会う折もあろう」　だが佐知はすぐには返事しなかった。

そして、そのあとに佐知があきらかにしたのは、間もなく仏門に入り、江戸での数年の修行を終えたあと、国元の尼寺で庵主をつとめるということだった。

「ふむ」と、又八郎はうなった。唖然としてしばらく佐知を見つめてから、くるりと背を向けた。風景はもとのままだったが、別離の重苦しさは足早にほぐれて行き、四囲がにわかに明るく見えてきた。[47]

あかるい未来、しかしそこにあるのは、おそらく老いたふたりの静謐な暮しであり、語るにたるできごとはもはや生じうべくもないだろう。「第二主題」は、こうしてゆっくりと、たしかに、そしてディミヌエンドで、その解決にむかってゆく。余韻をひびかせていた前三作の結末とはことなり、第四作は、そして連作『用心棒日月抄』は、こうしてたしかに完結する。

三冊の「連作短編」と一冊の「長篇」のそれぞれが、そして四冊からなる全体の構成が、その根拠を物語そのもののなかにもつことは、以上の簡単な記述からもあきらかだろう。こうして『用心棒日月抄』シリーズは、「杉村三郎シリーズ」と同様に、あるいはむしろそれ以上に、ある独自のありかたにおける物語（小説）としてとらえられるのではないだろうか。その他にも、たとえば藤沢周平の『獄医立花登手控』という四冊の「連作」（一九八〇〜一九八三年）や、宮部みゆきの『霊験お初捕物控』――『震える岩』（一九九三、一九九七年）――などのようなすぐれた「連作」があり、同様の例はけっしてすくなくないだろう。もちろんこのことからただちに、「連作」を自律したひとつの物語（小説）作品ととらえることは、なお性急にすぎるというべきだろう。というのも、一般的にみて具体的な受容の対象となるのは、全体としての「連作」というよりは、むしろそれを構成する個々の「長篇」

であり、ないしはそれぞれの「短編」なのであって、「連作」そのものの受容は、これら個々の受容体験の想起ないし反省によって、はじめて可能になると考えられるのだから。そのことからいえば、「連作」を独自のジャンルとみなすことも、いまの段階では性急にすぎるか、あるいはむしろ不可能というべきだろうが、これらの問題についていては、さらなる検討をおこなう必要があるだろう。

おわりに

「杉村三郎シリーズ」と『用心棒日月抄』シリーズというふたつの「連作」が、それぞれの仕方で、あるひとりの人物の、一定の時間的な枠組のなかでの生の展開過程を——たとえば自己の探求ないし本来の自己への回帰を、あるいは外的な状況からの圧力（試練）に耐えた自己実現を——、総体的に語ろうとしていることについては、あらためて述べるまでもないだろう。そのことに関するかぎりでは、これらの「連作」を「小説《ロマン》」としてとらえることは可能だろうし、とくに「教養小説」とは、またみかたによっては「大河小説」とすらも、あい通じるものをもつといえるかもしれない。しかしながら、すでに述べたように、「教養小説」や「大河小説」の場合には、自己実現ないし自己回帰の過程は、あるおおきな時間的な延長あるいは持続の過程で生じる多種多様なできごとをとおして、総体的ないし包括的に描きだされ、一方読者はそれをきわめて意識的に——反省的に——読みとると考えられるのにたいして、ふたつの「連作」の場合には、それらの過程は、本来の持続において総体的に語りだされるのではなく、それらを構成するいくつかの「短編」ないし「長篇」と、それらのあいだに不可避的に介在する裂目（連続と差異の関係）をとおして、そのときどきにあらわれ出るものであり、読者は、それを、意識的というよりはむしろ無意識的に――おそらくは物語のもたらす感性的な満足（快楽）のさなかで――感じとるのだろうから、その点で「連作」が「教養小説」あるいは「大河小説」と根本的にことなることはあきらかだろう。

「連作」と関連して、ある作品に登場した人物が、おなじ作者のべつの作品に、おおくは脇役として、あるいは添景的な人物として登場することによって、それらの作品のあいだにある関係が生じるという現象についても考えるべきかもしれない。もっともよく知られているのは、バルザック（Honoré de Balzac, 1799-1850）の『人間喜劇』（*La Comédie Humaine*）における「人物再登場」（des personnages repraissants）ではないだろうか――一例をあげれば、『ゴリオ爺さん』（*Le Père Goriot*, 1835）ではじめて登場した、当時二十二歳のラスティニャック（Eugène-Louis de Rastignac）が、他のおおくの作品にいろいろな年齢で、たとえば『知らぬが仏の喜劇役者たち』（*Les Comédiens sans le savoir*, 1846）では四十八歳で、再登場する、など。もっとも「人物再登場」は、『人間喜劇』というおおきな、そして確とした枠組のなかの、いわば副次的なものにとどまっており、そのものが枠組をかたちづくるにはいたらず、

「連作」とは区別されるべきだろう。

「大河小説」や「教養小説」などの場合、特定の個人あるいは集団の心的ないしは社会的な現実において生じる、錯綜した、しかも長大な延長をもつできごとを語りながら、なお全体として明確かつ統一した表象を形成しえているのは、一定の理念によって統合され、確立した世界表象がその不可欠の前提として存在しているからなのだろうが、ここでいう「連作小説」の場合には、そのような前提としての世界表象は存在しないと考えられる。たちいった論議をおこなう余裕がここではないので、あえて結論だけを述べるなら、「連作小説」とは、統一的な世界表象不在の時代における「小説」であり、べつにいえば「理念」の高みからおりて、あえて「感性」ないしは「日常」の世界──「エンターテインメント」の世界──に身を投じた「小説」にほかならないのだろう。

あるいは、つぎのようにいうことができるかもしれない。「小説」が、ヘーゲルのいうように、「近代的な叙事詩」だとしたら、[48] それは「近代」そのものの展開とともにそのありかたを変えざるをえないだろうし、さらには「近代」がその衰退と終焉にむかうとともに、「叙事詩」そのものもまた解体と消滅の道をたどらざるをえないだろう──それは、端的にいうなら、「小説」からの物語の消失であり、べつにいえば、みずからの消滅というできごとを語る小説の出現にほかならない。そして、このことは、ある見方をすれば、近代のある時期以降の小説そのものの展開がおのずから証していることでもあるのだろう。「連作小説」とは、そのような展開のなかであらわれでた、そしてそうした状況においてなお可能な「叙事詩」のひとつのありかたであり、さらにいえば、実体を失いながら――むしろ実体を失うことによって――ひとびとの意識にあらわれでた、叙事詩の「ファントム（fantôme）」にほかならないのかもしれない。

*

自己表現とか自己実現とか、そういう願望を満たしながらなおかつ作家になる人というのは天才なんだと思うんですよね。突き詰めてみれば仕事は全部自己表現のうちなんでしょうけれども、私はそういうことを考えたりせずに、ただ書いて、ただ読んでほしかった。(49)

「断章（Ⅲ）」で引用した宮部みゆき自身のことばだが、読みようによっては、作家のふたつのタイプを類別したものととらえられるのだった。ひとつのタイプは、一言でいえば「天才」としての作家――近代的な意味での「作者」――であり、もうひとつのタイプは、あえていえば「能才」としての作家であり、べつにいうなら、これも宮部自身がみずからをそれとして規定している「エンターテインメント作家」である。そして、この類別は、かならずしも根拠のさだかではない、しかしいまなお通用している「純文学」と「大衆（娯楽）文学」という（価値的ないし領域的な）対立関係に、ほぼ対応するいってよいだろう。

いまかりに「天才」による「純文学」を近代的な意味での「芸術」ととらえるとすれば、「能才」による「大衆文学」は「エンターテインメント（娯楽）」とみなされるのだろう。そして「芸術」としての「純文学」の特性が、なんらかの意味での理念性ないし非日常性にあるとすれば、「エンターテインメント」としての「大衆文学」のそれは、むしろ通念性、日常性にもとめられるのかもしれない。

もっとも、このような問題が、学問的な検討の対象としてとりあげられることは、これまでかならずしもおおくはなかったし、それは「美学」という学問領域においてもかかわりなかった。いうまでもなく「美学」が検討の対象としてきたのは、独自な文化領域として確立した「芸術」であり、その一領域として「文学」であったし、そこでとりあげられる作者や作品のほぼすべては、「古典的」としてその価値が確立したものであった。宮部みゆきという、あるいは「連作小説」という、「美学」という学の問題圏にかならずしもなじまないと思われる話題を、あえてふたつの「断章」の動機として選んだのは、「文学」と「日常性」という、そして「大衆文学」ないしは「エンターテインメント」という問題に、いくぶんかのひかりをあてようと目論んだからだが、しかしそれはほぼ実現できずにおわってしまったようだ。

*

「連作小説」について考える場合、短編というかたちでの「雑誌連載」、そのいくつかをまとめた「単行本」の刊行、さらには「文庫本」への移行という、出版上の（制度的な）慣行を無視することはできないと思われるが、そのことへの言及は断念するしかなかった。

また、最初の目論見では、宇江佐真理（一九四九―二〇一五年）の『髪結い伊三次捕物余話』（一九九七―二〇一六年）という、その規模や構想などの点で注目にあたいする「連作」にも言及するつもりだったが、それも叶わなかった。

註

序

（1）『疫病流行記』『ロンドン・ペストの恐怖』『ペスト』など、訳者によってさまざまな題名がある（*Wikipedia*）。

崩壊する日常　あるいは「できごととテクスト」

（1）　Béla Tarr（ベラ・タール）と表記されることがあるが、ここでは、かれの母国ハンガリーの慣習にしたがい、姓、名の順序にした。

（2）　この国での公開時のタイトルは『ニーチェの馬』だが、この映画そのものにふさわしいとは思われないので、ここでは原題にしたがって『トリノの馬』とした。

（3）　二日目のおわり、ふたりが眠りについたあとで、ナレーションがこの不毛の地では嵐がやむことはないと述べ、父はOhlsdorferという名だとつげる。ちなみに、Ohlsdorferは、ハンブルクのちかくにある大規模の墓地だという——ただしくはOhlsdorfer Friedhof。

（4） cf. Roland Barthes: *Le plaisir du texte*, Éditions du Seuil, Paris, 1973, repris dans les *Œuvres Complètes 2*, Éditions du Seuil, Paris,1994. p.1994.

（5） 実際には各リール（巻）ごとに切れているのだが、たとえば、あるリールを男の背中のバストショットでおわり、つぎのリールをおなじバストショットではじめるなど、たくみな方法によって、切れ目をかくしている。

（6） ヴィグ・ミハリは、タール・ベラのいくつかの映画のために、音楽を書いている。

（7） 音楽と風の音は、実際には、この映画全編をつらぬいて聞かれるのではない。しかしその、要をえた使用のために、あたかも通奏（固執）低音であるかのような印象をあたえるのではないだろうか。

（8） なお“cinéma”と“film”の関係については、ジルベール・コーエン＝セア（Gilbert Cohen-Séat, 1907-1980）やクリスチャン・メッツ（Christian Metz, 1931-1993）らの見解を参照のこと。

（9） 参照したブルーレイディスクの英語字幕による。参考までにその全文を以下にしめす。

“In Turin on 3rd January, 1889, Friedrich Nietzsche steps out of the door of number six Via Carlo Alberto, perhaps to take a stroll, perhaps to go by the post office to collect his mail. Not far from him, or indeed very removed from him, a cabman is having trouble with his stubborn horse. Despite all his urging, the horse refuses to move, whereupon the cabman...Giuseppe? Carlo? Ettore?...loses his patience and takes his whip to it. Nietzsche comes up to the throng and puts an end to the brutal scene of the cabman, who by this time is foaming with rage. The solidly built and full-mustached Nietszche suddenly jumps up to the cab and throwing his arms around the horse’s neck, sobbing. His neighbor takes him home, where he lies still and silent for two days on a divan until he mutters the obligatory last words, “Mutter, ich bin dumm”, and lives for another ten years, gentle and demented, in the care of his mother and sisters. Of the horse, we know nothing.”

（10） cf. Interview: Béla Tarr: the Complete Work. *Filmcomment*. http://filmcomment.com./

（11） Friedrich W. Nieztsche:Nachgelassene Fragmente--Frühjahre 1884, 25[168] , in *Sämtlcche Werke Kritische Studieneausgabe*, Bad 11, Deutscher Taschenbuch Verlag, München, 1999. S.58.

（12） Friedrich W. Nietzsche: *Die fröhliche Wissenschaft (la gaya scienza)*, Zweite Ausgabe, 1886, in *Sämtliche Werke Kritische Studienausgabe*, Band 3, Deutscher Taschenbuch Verlag, München, 1999. S.522.

（13） ツィガニー：ドイツ語の“Zigeuner”やフランス語の“Tsigane”に相当するが、英語の“Gypsy”、フランス語の“Gitan”、日本語のジプシーという系列のことばもある。現在ではこれらのことばが蔑称であるという理由から、ロマ（Romany）ということばが使用されている。

（14） R.Barthes: *Le plaisir du texte* (op.cit.).

（15） cf. A. Martinet: *Linguistique Guide Alphabétique*, Éditions Denoël, Paris, 1969. p.178-179.

（16） le groupe μ: *Rhétorique générale*, Librairie Larousse, Paris, 1970. p.80.

（17） ibid. p.74.

（18） cf. Christian Metz: Cinéma:langue ou langage?, *Communication* No 4, 1964, repris dans l'*Essais sur la signification au cinéma*, Éditions Klincksieck, Paris, 1968.

（19） R. Barthes: Le plein du cinéma, *Roland Barthes par Roland Barthes*, 1975, repris dans les *Œuvres Complètes 3*, Éditions du Seuil, Paris, 1995. p.136.

（20） cf. Georges Sadoul: *Histoire générale du cinéma, Tome II, Les pionnières du cinéma, 1897-1909*. Les Éditions Denoël, Paris, 1947.

（21） ポーターとグリフィスの仕事については、淺沼圭司『物語るイメージ――絵画、絵巻、漫画そして写真、映画など』（水声社、二〇一三年）を参照のこと。

（22） 「場」は、一定の空間的な枠組によって区切られたできごと、あるいはできごとを区切る空間的な枠組を意味するが、ときには、おなじ枠組への人物の出入りによってさらに区切られたできごとを意味することもある。いずれにしても、「場」は、物語（できごとの連鎖）を構成する基本的な単位ということができるだろう。

（23） 淺沼圭司『物語とはなにか』（水声社、二〇〇七年）、二五頁以下参照。

（24） cf. Robert Bresson: *Notes sur le cinématographe*, Éditions Gallimard, Paris,1957. p.35.

（25） なおブレッソンについては、淺沼圭司『ロベール・ブレッソン研究』（水声社、一九九九年）を参照のこと。

（26） できごとをシーン（scene）へ分割したものがシナリオ（scenario）であり、シーンをショットに分割したものが、「撮影台本」（continuity）であり、編集は、ショットとシーンの結合によるできごとの再構築と見ることも可能だろう。

* 使用ソフト *THE TURIN HORSE* BLU-RAY DISC, CINEMA GUILD. INC.,NEW YORK, 2011. (HUNGARIAN DTS, ENGLISH SUBTITLES)

日常の復権　あるいは「ひとそれぞれの摂理」

（1） SNCF（Société Nationale de Chemin de Fer）＝フランス国有鉄道。“quais”はプラットフォームを意味するから、Quais1-5は「一番線—五番線」ぐらいの意味だろう。

（2） E. Auerbach: *Mimesis Dargestellte Wirklichkeit in der abendländlichen Literatur*, Tübingen und Basel, 1946, Zehnte Ausgabe, 2001. S.296.

（3） 「断章（I）——映画『トリノの馬』を動機として」を参照のこと。

（4） cf. http//www.lehavre-film.com

（5） cf. *Cahier du Cinéma No 673*, Dec. 2011.

（6） 「アキ・カウリスマキ監督からのメッセージ」（ユーロスペース刊行パンフレット、二〇一二年四月二二日発行）。

（7） ラカンの「欲望への欲望」（le désir du désir）ということばが、ここにかすかに響いていることは、否定しがたい。

（8） 公開時のパンフレット（既出）から。

（9） 『新潮国語辞典』第二版（新潮社、一九九五年）参照。

（10） Friedrich Nietzche: *Die fröhliche Wissenschaft*, Viertes Buch. Sanctus Januaris, 277, *Kritische Studienausgabe*, Herausgegeben von Giorgio Colli und Mazzino Montinari, Band 3, Deutscher Taschenbuch Verlag GmbH & Co. KG, München,

1967-77 und 1988. S.521-522.

（11） 先取観念＝prolepsis（πρόληψις）。さまざまな意味があるが、ここでは、概念（観念）にさきだって、感覚的な認識の反復によって、主観内に堆積した表象の集合（観念）をさすと思われる。

（12） エピクロス「メノイケウス宛の手紙」（『エピクロス　教説と手紙』、出隆・岩崎允胤訳、岩波文庫、一九五九年。六六頁。なお括弧内は訳者による補足）。

（13） vgl. F.Nietzsche: *Nachgelassene Fragmente*, Herbst 1886 2[100], *KSA* 12, S.109.

（14） cf. Roger Manvell: *Film*, Pelican Book, London, 1945, cité par Georges Sadoul dans *L'histoire d'un art, le cinéma, des origines à nos jours*, Flammarion, Paris, 1949. p.265.

（15） ヘーゲル『美学講義』第一部第一章ほか参照。（G.W.F.Hegel:*Vorlesungen über die Ästhetik*, Erster Teil, Erstes Kapitel,usw.）

（16） ある種の詩ないし音楽をさす。

* ニーチェからの引用の訳文（私訳）は、ほぼ逐語的である。また『ル・アーヴル』のせりふは、おおむね参照したDVDのスーパーインポーズによっているが、せりふの聞きとりをもとに、変更をくわえた場合もある。参照DVD『ル・アーヴルの靴みがき』、ユーロスペース／キングレコード、KIBF 1098、二〇一二。

語る欲望

（1） www.osawa-office.co.jp/write/miyabe.html

（2） 各書籍のデータは、それぞれの発行元（小学館、新潮社）のホームページにもとづく。

（3） 「ロングインタヴュー」（朝日新聞文芸編集部編『まるごと宮部みゆき』、朝日新聞社、二〇〇四年）、二〇〇頁。

（4） 「宮部みゆき作家生活三十周年記念超ロングインタビュー」（「小説新潮」二〇一七年六月号）、二五頁。

（5） 「『溟い海』の背景」（「小説の周辺」、『藤沢周平全集』、文藝春秋社、第二十三巻）、三五六頁。

(6) 「転機の作物」(「小説の周辺」、『全集第二十三巻』)、三五九頁。
(7) 『美学事典　増補版』(竹内敏雄編修、弘文堂、一九七四年)、一五九頁参照。
(8) 飯塚陽・岡崎晃帆「宮部みゆき主要参考文献」(『現代女性作家読本⑯　宮部みゆき』、現代女性作家読本刊行会篇、鼎書房、二〇一三年)、一六八―一七二頁参照。
(9) 「宮部みゆき作家生活三十周年記念超ロングインタビュー」(前出)、一八頁参照。
(10) 同、二〇頁。
(11) 「インタービュー」『まるごと宮部みゆき』(前出)、一九五―一九六頁。
(12) 同。
(13) 同、一九八頁以下。
(14) 同、一九九頁。
(15) vgl. Konrad Fiedler: Der Ursprung der künstlerischen Tätigkeit, in *Schriften über Kunst*, 1913. なお「純粋視」については、淺沼『ゼロからの美学』(勁草書房、二〇〇四年)五三頁以下で、ややくわしく述べてある。
(16) Roland Bartehs: *Le plaisir du texte*, Seuil,Paris, 1973, repris dans les *Œuvres Complètes Tome II*, Seuil, Paris, 1994. p.1495~96.
(17) 淺沼『ロラン・バルトの味わい――交響するバルトとニーチェの歌』(水声社、二〇一〇年)、一二〇頁参照。
(18) cf. *An Intermediate Greek-English Lexicon*, Oxford University Press, Oxford, 1997.
(19) Jacques Lacan: Propos sur la causalité psychique, *Écrits*, Éditions du Seuil, Paris, 1966. p.181.
(20) cf. R.Barthes: La mort de l'auteur, *Manteia* No.5, 4e trimestre,1968, repris dans *O.C.II*, pp.491-195,
(21) vgl. Nicolai Hartmann: *Ästheti*k, Walter de Gruyter & Co., Berlin, 1953. 12 Kapitel, c. Untersuchung der Schichten in Dichtwerk, d. Das Innerste des Sagbaren.
(22) 『岩波古語辞典』による。

（23）たとえば『旧約聖書』創世記、『新約聖書』ヨハネ福音書など。
（24）宮部みゆき『英雄の書（上）』（新潮文庫、二〇一二年）、一三〇頁。
（25）同書、一三四頁。
（26）人間によって措定され、人間がそのなかで生を営むものとしての世界、あるいは「世界内存在」（In-der-Welt-Sein）としての人間のありかたなどをもとにしてとらえられた「世界」。
（27）『あんじゅう　三島屋変調百物語事続』（角川文庫、角川書店、二〇一三年）、一五一頁。
（28）『英雄の書　上』（前出）、一三七頁。
（29）同書、一三七―一三八頁。
（30）*Petit Robert.*
（31）この問題については、浅沼『物語とはなにか――鶴屋南北と藤沢周平の主題によるカプリッチオ』（水声社、二〇〇七年）を参照のこと。
（32）もっとも人間以外のもの（さまざまな物体や動物など）を語り手に設定している例は、かならずしもめずらしいものではない。
（33）幕臣であった根岸鎮衛（一七三七―一八一五年）が、三十年以上にわたって書きとどめた、多種多様な「世間話」の記録。
（34）「山吹屋お勝」『鬼平犯科帳（5）』（文春文庫、一九七八年）、二二三―二二四頁。
（35）「太郎柿二郎柿」『初ものがたり』（前出）。
（36）「鰹千両」『初ものがたり』（同）。

「連作小説」について

（1）フレデリック・ダネイ（Frederic Dannay, 1905-1982）とマンフレッド・ベニントン・リー（Manfred Benington Lee,

1905-1971）ふたりの、合作上の筆名。

（2）　なお『日本樫鳥の謎』（邦題）を「国名シリーズ」に加えることもあるが、同書の原題は“*The Door Between*”(1937)であり、国名を含んでいないので、ここでは除外する。

（3）　なお二〇一九年に『男はつらいよ　五〇　お帰り寅さん』（山田洋次監督）が公開されているが、それまでのシリーズと同列にとらえることはむづかしいだろう。

（4）　なお「連作短編」は、しばしば一冊の単行本ないし文庫本としてまとめられ、さらにそれがシリーズ化されることがおおい。そのようなシリーズと「連作長篇」の関係ないし差異が問題になると思われるが、ここではその問題にはたちいらない。

（5）　たとえば、「美」を「感性的認識の完全性」（perfectio cognitionis sensitivae）——「混沌」と「判然」の調和ないし統一——ととらえるバウムガルテン（Alexander Gottlieb Baumgarten, 1714-1762）の見解などが参考になるだろう。

（6）　曲亭馬琴（一七六七—一八四八年）の『南總里見八犬傳』（一八一四—一八四二年）などが、その好例といえるかもしれない。

（7）　宮部みゆき『希望荘』（小学館、二〇一六年）、二四四頁。

（8）　同、二五八頁。

（9）　『名もなき毒』一一五頁。

（10）「ハードボイルド小説」（hardboiled detective story）は、一般的には、「ハードボイルド」な——“not affected by sentiment, pity, etc” [cf.*Webster's New World Dictionary*]——探偵を主人公とする小説とされるが、ここでは、そのできごとが主人公（わたくし）によって（一人称で）語られるという「語りかた」も、その基本的なな特徴ととらえておく。

（11）クロフツ（Freeman Willis Crofts, 1879-1957）の大部分の作品における主人公。

（12）一九八〇年代前半に生じた、大がかりな詐欺事件。その被害者は、数万人におよんだという。

（13）『ペテロの葬列』三一九頁。

(14) 『ペテロの葬列』四〇一頁。
(15) 『名もなき毒』四六九頁。
(16) ST（Sensitivity Training）について、今多は「個人の内面を掘り下げることによってその能力を活性化し、同時にその個人が小集団のなかでふさわしい働きをするように、協調性も培う」ものだという。『ペテロの葬列』二九五頁。
(17) 同、二〇〇頁。
(18) 同、一九七頁。
(19) 同、六六六―六六九頁。
(20) 『誰か』四三頁。
(21) 『希望荘』二五八頁。
(22) アルフ・プリョイセン（Alf Proisen, 1914-1970）の『スプーンおばさん』（*Teskjekjerringa*）シリーズ（1957-1967）の一冊だろう。
(23) 『誰か』九―一三頁。
(24) John Ronald Reuel Tolkien(1892-1973) :*The Lord of the Rings* (1954-1955).
(25) 『ペテロの葬列』六八一頁。
(26) 同、六八五頁。
(27) フロドは『指輪物語』の主要人物のひとりで賢明で慈悲ぶかい人物として造形されている。サムは、その忠実な従者で、「滅びの山」への旅に同行する。
(28) 「ひとつの指輪」とは、もろもろの力（権力）の象徴ともいうべき「力の指輪」（Rings of Power）をさらに超越する最終的な力の象徴といえるが、それは「滅びの山」（Mount Doom）において鍛造され、またそこにおいてのみ破壊される。『指輪物語』は、ある意味では、「ひとつの指輪」の生成と破壊の物語ということができる。なお「滅びの山」は「オロドルイン」（Orodruin）という火山の別名。

(29) 宮部は、連作最新作『昨日がなければ明日もない』の付録に載せられたインタビューで、「ゆくゆくは娘の桃子が一度は杉村の家に来たり、彼女が竹中家の人とも仲良くなったりといった展開も考えてみたいですね」と述べている（「杉村三郎シリーズガイド」）。なお竹中家は、杉村の探偵事務所の家主であり、その家族はしばしば物語に登場する。
(30) 『希望荘』一九六頁。
(31) ここでの記述は、ロラン・バルトの『テクストの快楽』（Roland Barthes: *Le plasir du texte*, 1973）の影響もとになされている。
(32) 『名もなき毒』四五—四八頁。
(33) ちなみにこの部分は、全六八五頁のうち、わずか一五頁にすぎない。
(34) 『名もなき毒』四八八頁。
(35) 同。
(36) たとえば「真善美」といった価値、あるいは普遍的人間性、さらには絶対的な神などを考えることができるだろう。
(37) Parnassos (Παρνάσός)：ギリシヤ中央部にそびえる山、ギリシヤ神話によれば、そこにはアポロンやミューズの神々が住まいするという。フランスの「高踏派」（Parnassiens）は、この山の名に由来する。
(38) vgl. Hegel:*Vorlesungen über die Ästhetik*（1818,1820-1821,1823, 1828-29), Erster Teil, Drittes Kapitel, C. 1,b. ヘーゲル『美学』（竹内敏雄訳、岩波書店、一九六二年）第一巻の下、七一九頁以下参照。
(39) “novella”（“nouvelle”）は、「中編」と訳されることがあるようだが、「短編」と「中編」の差は、量的（相対的）なものにすぎないだろう。ここでは“roman”（長篇）と対立するという意味で、あえて「短編」という語をあてた。
(40) 竹内敏雄監修『美学事典　増補版』（弘文堂、一九七四年）、三九三—三九四頁。
(41) 著者インタビュー「シリーズの愉しみ方」（『昨日がなければ明日もない』付属のパンフレット）。
(42) 「語る欲望　断章（Ⅲ）——ある物語作家の動機《モチーフ》（1）による」参照。

(43) 浅沼『制作について　模倣、表現そして引用』(水声社、二〇一七年)。

(44) 「おじさまがお国にかえられたのは……いつごろのことだたのでしょう」と問う美佐(用心棒稼業の相棒だった細谷の娘)にたいして、又八郎は「十六年まえのことに相成る」と答えている(一七三頁)。

(45) 『凶刃』(新潮文庫、一九九四年)、七〇頁。

(46) 同書、一二頁。

(47) 同書、三六七―三六八頁。

(48) vgl. G.W.F.Hegel:*Vorlesungen über die Ästhetik*, Dritter Teil, Dritter Abschnit, Drittes Kapitel, C, 3, c. 竹内敏雄訳『ヘーゲル全集　第三巻の下』(岩波書店、一九八一年)。二二九八頁以下参照。

(49) 「ロングインタービュー」(『朝日新聞』文芸編集部編)。

跋

気ままに書かれたよっつの「断章」を、「日常」という枠のなかに——いくぶんか強引に——囲いこんだのは、結局は「新型コロナヴィルス感染症」(Covid-19)の世界的な蔓延(パンデミック)のゆえだったのかもしれない。はじめのころ、ひとびとはそれを「対岸の火事」ぐらいのものととらえ、やがては消えてゆくものと考えていたのではなかったか。しかしその「火」は、予想にあるいは期待に反して容易には消えず、それどころかあっという間に身近にまでせまってきて、まわりの様子を一変させてしまった。ひとびとがとまどい、やがておそれたのは、それまではあたりまえだった、とくにそれとして意識することのなかった周囲の世界が変質し、そして崩壊するきざしをみせていることだった。

「日常」ということばが、メディアに頻繁にあらわれ、おおくのひとが口にするようになったのは、そのころからだった——変質する日常、失われた日常、日常の恢復、あたらしい日常、など、など……。しかしこれらのことばの意味するところはきわめて曖昧であり、それとして捉えがたかった。考えてみれば、このことばが明確な意味をもつものとして、あるいはなんらかの価値を帯びたものとしてつかわれることは、これまであまりなかったのではないだろうか。

そのようなことばが、とつぜんひとびとの口にのぼったことが、かつてもあった。いまから十年ほどまえ、二〇一一年三月十一日の、あのできごと、東日本を襲った巨大な地震と津波。福島第一原子力発電所の原子炉がつぎつぎに爆発し、また沿岸の村や聚落のおおくが連絡を絶たれて孤立した。しばらくして、それらの村や聚落のありさまがメディアによって伝えられはじめた。外部との交通も通信もすべて断たれ、電気や水道もいっさい途絶えたなかで、ひとびとが助けあいながら日々の生活をいとなむ——共生する——ありさまが、テレビや新聞などで紹介され、ひとびとをむすぶ「絆」のつよさが、いくぶんか誇張され、また美化されて、くりかえし語られた。しかし、このときに語られたのは、あのひとびとが実際にいとなむ「日常」ではなく、「絆」によって支えられたと想定された、いわば理想としての、あるいは願望としての「日常」ではなかっただろうか。

災害によって実際にたちあらわれたのは、交通や通信あるいは電気や水道といった、ひとびとの生活にとって不可欠な枠組——あえていえば「制度的な枠組」——が失われた、その意味ではむきだしの、ほぼ自然のレヴェルに還元された生活だったのだろう。あのときひとびとがみたのは、制度的な〈枠組内の）共生ではなく、自然的な（あるがままの）状態においてひとびとが共生するすがただったのであり、その――制度内的な意識にはありえないものとして映じたであろう――すがたを、ひとびとは「絆」という枠組を想定することによって納得しようとしたのではなかったか。

制度的な枠組は、ひとびとにとって、その生存以前から存在する――当然のこととして与えられる――、その意味では（疑似）自然とでもいうべきものだろう。逆にいえば、この枠組の内部では、自然すらも疑似化されるのではないだろうか。そして疑似化する――制度内へ組みこむ――ことによって、ひとびとは「自然」そのものをも、制御可能なものと信憑するにいたったのだろう。「日常」とは、自然的ないし疑似自然的な枠組内での、それとして自覚されることのない――無意識的ないしなかば無意識的な――共生にほかならないのではないだろうか。

Covid-19がひとびとを脅かしているのは、それが自然のなかでももっとも微細な、そのものとしてはとるにたらない存在――と思われていた――ヴィルスによってもたらされていること、しかも、すくなくともいまのところ制御困難であることによるのではないだろうか。制度の枠組内にくみいれることによって制御可能と信じていた自然が、しかもいわばその底辺にあるような存在が、突然牙をむき、制度の枠組のなかでのほぼ無意識的な共生（日常）を、その根柢からゆるがしている。そのゆらぎをもたらしたのは、「震災」という、そして「未知のヴィルス」の出現という、自然そのものの変化にほかならなかった。そのような危機のときには、日常の崩壊をいたずらに嘆くだけではなく、またその新生をひたすらに願うだけでもなく、日常そのものについて、そして自然と人間との関係について、あらためて反省することが必要なのではないだろうか。

外出の自粛を要請されるままに、あれこれの会合への参加を断念し、またコンサートホールや劇場あるいは映画館などにでかけることをあきらめた結果の、ありあまるほどの時間のなかで、「日常」についてわたくしなりに考えようとしたことが、これらよっつの「断章」につながったのは、否定しがたい。「断章（I）」と「断章（II）」の動機となった二本の映画は、それぞれ「崩壊する日常」と「ユートピアとしての日常」を主題としており、はじめから設定された枠組内にあったといってよいが、そのために思考はかえって自由さを失い、ぎごちないうごきをくりかえす結果になってしまった。「断章（III）」と「断章（IV）」は、「日常」という問題を、「美学」（という学）の脈絡のなかにとらえるというくわだてに端を発している。そのための手がかりとして、通念的には「純文学（芸術としての文学）」に対置されている「大衆文学（娯楽としての文学）」の特性のひとつが、その「日常」との親近性にあるのではと仮定したうえで、このことに関連した発言をおこなっている宮部みゆきのいくつかの「物語」を、ふたつの「断章」の動機としてえらんだ。もっともその結果は、えらんだ物語の読解に汲々とするばかりで、問題の周辺をさまようだけでおわってしまったようだ。

結局よっつの「断章」とも、字義どおりのものになってしまったようだが、[*]いまの状況のなかで「日常」という問題を考える道程は、わたくしにとっては、それなりに意義のあるものだった。

この項を書きおえるころ、Covide-19のパンデミックは、いっこうに収束の気配をしめしていない。

浅沼圭司

二〇二一年三月

＊「断章　①詩文の断片。②『断章取義』の略。他人の文章の一部を文脈にかかわらず引用すること」(『新潮現代国語辞典』)。

著書目録

映画美学入門　美術出版社、一九六三年。水声社、二〇一八年。
映画学　紀伊国屋書店、一九六五年。
映ろひと戯れ　小沢書店、一九七八年。水声社、二〇〇〇年。
新映画事典（共編著）美術出版社、一九八〇年。
象徴と記号　勁草書房、一九八二年。
不在の光景　行人社、一九八三年。
映画のためにI／II　書肆風の薔薇／水声社、一九八六／一九九〇年。
書物の現在（共著）　書肆風の薔薇／水声社、一九八九年。
読書について　水声社、一九九六年。
思考の最前線（共編著）　水声社、一九九七年。

ロベール・ブレッソン研究　水声社、一九九九年。
ゼロからの美学　勁草書房、二〇〇四年。
映画における「語り」について　水声社、二〇〇五年。
物語とはなにか　水声社、二〇〇七年。
〈よそ〉の美学　水声社、二〇〇九年。
ロラン・バルトの味わい　水声社、二〇一〇年。
二〇一一年の「家族の肖像」　彩流社、二〇一二年。
昭和あるいは戯れるイメージ　水声社、二〇一二年。
物語るイメージ　水声社、二〇一三年。
宮澤賢治の「序」を読む　水声社、二〇一六年。
制作について　水声社、二〇一六年。

翻訳

ベルイマンの世界（ジャック・シクリエ）　竹内書店、一九六八年。

映画記号学の諸問題（クリスチャン・メッツ、監訳）　書肆風の薔薇／水声社、一九八七年。

映画における意味作用に関する試論（C・メッツ、監訳）水声社、二〇〇五年。

著者について――

浅沼圭司（あさぬまけいじ）　一九三〇年、岩手県に生まれる。東京大学大学院修士課程修了。成城大学名誉教授。専攻、美学、映画理論。

物語と日常——二本の映画と二つのある物語作家の動機による四つの断章

二〇二一年六月二〇日第一版第一刷印刷　二〇二一年六月三〇日第一版第一刷発行

著者——浅沼圭司
装幀者——宗利淳一
発行者——鈴木宏
発行所——株式会社水声社
東京都文京区小石川二—七—五　郵便番号一一二—〇〇〇二
電話〇三—三八一八—六〇四〇　FAX〇三—三八一八—二四三七
［編集部］横浜市港北区新吉田東一—七七—一七　郵便番号二二三—〇〇五八
電話〇四五—七一七—五三五六　FAX〇四五—七一七—五三五七
郵便振替〇〇一八〇—四—六五四一〇〇
URL : http://www.suiseisha.net
印刷・製本——モリモト印刷
ISBN978-4-8010-0575-4

水声文庫

映画美学入門　淺沼圭司　四〇〇〇円
制作について　淺沼圭司　四五〇〇円
宮澤賢治の「序」を読む　淺沼圭司　二八〇〇円
昭和あるいは戯れるイメージ　淺沼圭司　二八〇〇円
物語るイメージ　淺沼圭司　三五〇〇円
平成ボーダー文化論　阿部嘉昭　四五〇〇円
幽霊の真理　荒川修作・小林康夫　三〇〇〇円
『悪の華』を読む　安藤元雄　二八〇〇円
フランク・オハラ　飯野友幸　二五〇〇円
映像アートの原点　一九六〇年代　飯村隆彦　二五〇〇円
バルザック詳説　柏木隆雄　四〇〇〇円
ヒップホップ・クロニクル　金澤智　二五〇〇円
アメリカ映画とカラーライン　金澤智　二八〇〇円
三木竹二　木村妙子　四〇〇〇円
ロラン・バルト　桑田光平　二五〇〇円
危機の時代のポリフォニー　桑野隆　三〇〇〇円
小説の楽しみ　小島信夫　一五〇〇円
書簡文学論　小島信夫　一八〇〇円
演劇の一場面　小島信夫　二〇〇〇円
零度のシュルレアリスム　齊藤哲也　二五〇〇円
実在への殺到　清水高志　二五〇〇円